Una conversación pendiente

Unfinished Conversation

MUSEO SALVAJE
Colección de poesía
Homenaje a Olga Orozco

Homage to Olga Orozco
Poetry Collection
WILD MUSEUM

Juana M. Ramos

UNA CONVERSACIÓN PENDIENTE

UNFINISHED CONVERSATION

Translated by Diana Conchado

Nueva York Poetry Press LLC
128 Madison Avenue, Office 2RN
New York, NY 10016, USA
Telephone number: +1(929)354-7778
nuevayork.poetrypress@gmail.com
www.nuevayorkpoetrypress.com

Una conversación pendiente
Unfinished Conversation

© 2025 **Juana M. Ramos**

ISBN-13: 978-1-966772-09-5

© *Poetry Collection*
Wild Museum 15
(Homage to Olga Orozco)

© Prologue and Blurb:
Rafael Lara-Martínez

© Publisher & Editor-in-Chief:
Marisa Russo

© Editor:
Francisco Trejo

© Layout Designer:
Moctezuma Rodríguez

© Cover Designer:
William Velásquez Vásquez

© Author's Photograph:
Ed Pérez

© Cover Image:
Melvyn Aguilar

Ramos, Juana M.
Una conversación pendiente / Unfinished Conversation, 1ª ed. New York: Nueva York Poetry Press, 2025, 204 pp. 5.25" x 8".

1. Salvadoran Poetry   2. Latin American Poetry

All rights reserved. No part of this publication may be reproduced, distributed, or transmitted in any form or by any means, including photocopying, recording, or other electronic or mechanical methods, without the prior written permission of the publisher, except in the case of brief quotations embodied in critical reviews and certain other non-commercial uses permitted by copyright law. For permissions contact the publisher at: nuevayork.poetrypress@gmail.com.

Prólogo

Una conversación pendiente
Unfinished Conversation
de
Juana M. Ramos

Rafael Lara-Martínez
Professor Emeritus, New Mexico Tech
rafael.laramartinez@nmt.edu
Desde Comala siempre...

Preludio

Compuesto de treintaicinco (35) poemas bilingües —castellano e inglés— el libro *Una conversación pendiente / Unfinished Conversation* de Juana M. Ramos plantea un dilema desde el título. Si con-versar significa "hablar-con", también implica "versar/hacer versos con", mientras la hablante (Yo) gira de una línea a otra en compañía. La autora deja sin respuesta la identidad de la persona con quién habla, con quién versa el poemario. El lenguaje poético presupone un diálogo entre la escritora y alguien sin nombre: ¿quién lee? También persiste el recuerdo de la poeta misma en el pasado, sus personalidades extintas, y la memoria de sus allegados.

Obviamente, lo "pendiente" evoca una actividad inconclusa —tal cual la define el inglés— quizás interminable al juzgar la sinonimia del habla con el verso: habla/versación-con. Pero el término castellano "pendiente" se bifurca en varios sentidos. No sólo alude a lo inacabado; también insinúa la dificultad del diálogo razonado entre varias personas. En efecto, la "pendiente" denota la inclinación del ascenso hacia la cima. Intraducible a otro idioma, la subida representa una cuesta que cuesta ascender, debido a su inclinación, pese al esfuerzo incesante por lograrlo. "Estar pendiente de con-versar; estar a la expectativa de hablar y hacer versos contigo".

Así, la lectura debe identificar tanto la disgregación del "Tú, interlocutor(a)", como los diversos sentidos de la pendiente cuyo ascenso a la cumbre resulta difícil y quizás inaccesible. Del "con-versar", el poemario transcurre a lo "pendiente": inconcluso (unfinished, pending), expectativa (expectation), cuesta (slope), colgado (hang up), arete (earring), etc. En seguida, se comenta cada uno de los poemas cuya escritura en collage puede recorrerse al azar. Sin embargo, la reseña anhela diseñar un hilo conductor que —del primer poema como apertura— narra el encadenamiento del recuerdo poético en Ramos. Se trata de varios ramos de flores que, de su dispersión, se anudan en un solo manojo colorido.

Apertura

El "Caminante/Voyager" (1) identifica la vida misma como un viaje interminable sin paz duradera. La existencia diseña un camino en el cual lo personal se (con)funde con el entorno social. El viajero no sólo absorbe los residuos que encuentra durante el trayecto —"el polvo que unge sus pies"— también esparce sus sentimientos que, en carne viva, habitan en su cuerpo. Cambiante, muda rostros —alterna más-caras— como las funciones sociales que desempeña. No importa "encontrarse a sí mismo" en el encierro meditativo. Al salir, escucha "los sonidos" bestiales en los que agoniza el "silencio" interior.

Sin embargo, el desencanto no lo abate, ya que se comporta tal cual el árbol en primavera, a la espera del fruto en el verano. Absorbe el aroma de los ríos; hospeda las aves quienes le enseñan el canto. Su propio reverdecer proviene de la tristeza que al deshojarse lo abona. Ya se sabe que los ojos en esperanza no lloran, sino llueven para irrigar los frutos. Sus semillas se dispersan en nubes sin raíces, debido al enredo diabólico que lo persigue. Vivimos en un mundo que identifica el descanso y la paz con la Muerte. RIP.

Hilo de Ariadna

Los siguientes poemas parecen definir un espacio, un tiempo y una persona más concreta. Se trata de una mujer —acaso Ramos desdoblada— quien recolecta su experiencia pasada, así como las de su entorno social. "La espera/The Waiting" (2) transcribe el diálogo de una mujer adulta con el recuerdo de su infancia. Se "viste" y "maquilla" a la "espera" de esa Otra-Yo, perdida en el tiempo que gira sin cese. Aguarda el regreso imposible de la niña desparecida —acaso su propia niñez— debido a una doble migración: la de los años y la del trabajo asalariado. Claramente, la ciudad "la mutila" tanto como la vejez. Al menos, por la imagen del verso, el recuerdo calca la revolución sinódica en el anhelo de regresar a la infancia.

Por ello, en "Señora Santa Ana debe un milagro/Our Lady Saint Anne Owes a Miracle" (3), otra señora acude a diario a la iglesia a solicitar la única intervención política posible que pueda resolver los problemas sociales: el milagro de Santa Ana. Así, en "La *Singer*/The *Singer* Sewing Machine" (4), aparece un niño "huérfano" quien remedia los problemas familiares. No sólo conoce los trabajos nocturnos, bajo lluvias torrenciales y la sombra del olvido. Por fortuna también, la venta de una máquina de coser ayuda a apartar a la familia de la miseria. No en vano, su nombre "singer, cantor(a)" apoya el en-canto de la economía doméstica y del agradecimiento poético.

A menudo, lo declara "Una mujer/A Woman" (5), la solvencia financiera no se acompaña del libre arbitrio. En cambio, en su holgada casa de dos pisos, hasta el sueño entona "la zanja" de la "sumisión". Al encarnar los "sueños de la madre" —la "pérdida del padre"— ella hace del llanto un escondite para sobrevivir. Igualmente sucede "Una tarde de mayo/A May Afternoon" (6), cuando el "verdugo" apunta con la "jeringa" para inyectar la "traición" y extraer la culpa. Al multiplicarse, las lágrimas provocan una marea sin precedente, hasta ocasionar el "naufragio" de la nave que conduce el alma durante su "pendiente" terrenal.

En verdad, el llanto equivale a la lluvia tal cual lo testimonia "La ciudad se ha inundado de paraguas/Umbrellas Have Flooded the City" (7). El país ingiere a sus habitantes, ya que no les brinda ningún servicio laboral, alimenticio, médico ni otro. Sin orientación —sin esperanza del Sol naciente que abre sus pupilas— los pobladores recorren la ciudad como si un incendio los persiguiera. La pobreza riega armas metálicas que siembran los cuerpos de lava sangrienta. Por desgracia, la "Impunidad/Impunity" (8) jamás castiga la violencia doméstica ni la callejera. La misma piel escribe el testimonio en la herida tatuada a flor de dermis. Sea que desgaje sus frutos en pleno verano, o que las llagas perforen el cuerpo, desde los surcos del cuerpo humano retoña el dolor del renuevo.

"Una tarde de frío/A Cold Afternoon" (9) incita el recuerdo que —al recobrar la infancia— se acepta de mejor manera el callejón sin salida que guía hacia la Muerte. Aunque su presencia sea mínima —o convoque la "abstracción"— la sonrisa de "La tía/Auntie" (10) de repente apacigua el clamor del gentío. Le regala la esperanza. "A esta hora/At this Hour" (11) el texto se vuelve textil que la poeta entreteje sorprendida en su propio cuerpo tatuado de calles y de parques donde los árboles —donadores de hojas— hospedan el canto de los pájaros. Gracias a ese en-canto en "pendiente", de la raíz a la flor, la mujer se multiplica tanto como la geografía, del océano al camino, a la colmena y hacia la madrugada que despierta el Mundo.

Así, se soportan "Las grietas/The Crevices" (12) corporales que ascienden en gradas hacia la alcoba de los años. Decorada de arte sano, imagina a su cría hoy hurtada por el tiempo. De vez en cuando, "Las bondades del metro/The Subway's Benevolence" (13) le entrega una mirada fortuita en la cual se diluye la alharaca del gentío a bordo. Ese "Conjuro/Spell" (14) de la mirada lo completa "tu" boca que —por el "beso"— absorbe las "cinco letras de mi nombre", escondido en el sentido del gusto, el mismo órgano de la palabra y de la alimentación.

Ese sabor es un verdadero saber que se desarrolla en la intimidad del "Atardecer/Nightfall" (15). Lejos del ruido citadino, los cuerpos se funden en el "beso" acuático donde los líquidos corporales "iluminan" la "certeza" de la palabra. En ese sitio se produce el fruto dulce del "durazno" que perdura en su semilla. No obstante, la "Consumación/Consummation" (16) poética del acto no culmina en el jolgorio. En efecto, la recolección de "flores —el anthos-logos", la antología— equivale a una actividad violenta que zahiere la planta. La hace "temblar", ya que la "mano" semeja a un puñal cortante.

No basta un "Segundo aire/Second Wind" (17) para recuperarse, pues el "vino" que acompaña el alimento quema el estómago y provoca el "cansancio". Acaso la escritura misma de "El poema/The Poem" (18) desata la "palabra" de su "timidez" hacia el torbellino automático del caos marítimo. La única esperanza se la otorga el "Renacer/Rebirth" (19). No hay otro terruño que "tu (propio) cuerpo" en el cual —sin "fronteras"— habita la psique/alma/espíritu que cura el desarraigo. Al "nacerme", no sólo "me doy luz" sino la "libertad" brota en mí, gracias al "olvido", complemento del recuerdo. Parto sin el dolor de la memoria.

Así, "La niña/The Niña" (20) se identifica con una de las "tres carabelas" que explora océanos ignotos, sin deseo de conquista. Le obsesiona la "lluvia", la cual irriga los campos hasta hacerlos florecer. A los "Cuarenta y tres años (10 de octubre de 2013)/At Forty-Three (October 10, 2013)" (21), el cuerpo lacerado visita "médicos" sin cese. Pese a la enfermedad, el "mal-estado" también inaugura preludios hacia la dignidad. Simplemente, el desarraigo terrenal —tal cual el alma eterna en el cuerpo biológico terreno— acepta ser "Heredera/Successor" (22) del legado paterno, la patria y el patrimonio. Admite que "el padre" deja una huella indeleble en la vida. Inculca la vocación por la soledad, las aversiones y los entusiasmos intemporales. Si tal es la "Patria", la "Matria" también provoca la zozobra del desarraigo. "Mamá se ha ido/Mama Has Gone Away" (23) no ofrece una respuesta conclusiva. La Matria abandona a sus "retoños" quienes, resecos por su falta, no logran florecer, menos aún fructificar. Su legado es el "vacío".

Por eso, "Dicen/It Is Said" (24) que la lejanía marítima desglosa la "nostalgia". Hasta su marea alta llega el "grito" que desgaja la "garganta" por la mayor abertura del rostro. Ya se dijo que esa "puerta" corporal conjuga la alimentación cotidiana con la lengua/el idioma y con el beso amoroso. Por fortuna, el ascenso a "Cypress Hills" (25) le concede la vista de "un hombrecillo" y "dos bocas" que se reúnen. No importa que se esparzan "flores entumecidas", su vocación de "gacela" la conduce a la salida del "campo" santificado por la Muerte.

Al descender de las colinas, se da cuenta que hay Una conversación pendiente/Unfinished Conversation" (26). Acaso queda tirada en la cuesta cuyo declive no "esclarece" la temática del habla. A todo el mundo le afectan los "temporales" que entorpecen la claridad del diálogo, enjaulado en un subterráneo. Al menos, el reCuerdo revive "La distancia/Distance" (27) en el imaginario hecho palabra. Los años transcurren, pero al revisar las fotos las sombras del pasado recortan el trayecto hacia lo perdido.

De esta manera, "Lo que quiero/What I Want" (28) es escalar la montaña para acercarme a lo "azul". Hay un desembarazarse del bullicio citadino, gracias al puente que conduce a otros mundos. Así, la poeta reflexiona que "No es recomendable/It Is Best Not" (29) "pensar en la vejez", ni en las múltiples enfermedades inevitables del futuro. Debe vivir el presente, aunque el "hormiguero" de los edificios urbanos engulla toda ilusión de ave al vuelo. Ya se sabe que "En un invierno rosarino/Winter in Rosario" (30), el frío carcome los "huesos". Se llora como "niño", mientras el verso "tiembla", debido a la experiencia de "niña primeriza".

Pero, los "Gajes de la vida/The Perks of Life" (31) aconsejan la necesidad de exteriorizar la furia y la tristeza. No hay que encerrarse; peor aún, encarcelar los sentimientos. En cambio, es necesario que el ex-cremento cumpla su función de salida (ex-), tal cual sucede en el ex-silio y en la ex-piración de la palabra hacia la letra escrita. Incluso, de volverse estiércol, su presencia abona la flor (anthos).

Así, "Tu recuerdo/Remembering You" (32) se vuelve un carnaval festivo en el cual desfilan carrozas y disfraces cordiales. En ese instante, "La sangre llama (Consanguinidad) / Blood Knows Blood (Consanguinity)" (33) la proximidad del pensamiento familiar. Su cercanía imita el abrazo fraterno. A su lado —azulado— "Pulaski Bridge" (34) evoca el ascenso vertical de la pendiente. Por su carácter de puente, conecta dos mundos dispares: la ciudad y el río profundo. Es tan hondo como el deseo de suicidio que debe abortarse antes de regresar a casa. Por último, "En mi herida/In My Wound" (35) supura el naufragio del ex-silio inevitable como la ex-sistencia misma. Tal es la "escena de crimen" primordial. In-siste desde la profunda hendidura del amor que es carne viva, en el doble sentido castellano: *meat and flesh* a la vez. Es necesario "devorarla" como alimento que nutre el sentimiento poético.

Réquiem

A menudo se insiste en desarrollar enfoques objetivos sobre los hechos. Esta perspectiva elimina el testimonio de la vivencia. Los sujetos que viven en carne propia los acontecimientos carecerían del derecho al habla. Los convierten en objetos sin una subjetividad propia. Se censura su calidad de su(b)-jetos hablantes, quienes perciben su ex-sistencia de manera singular.

Contra esta su(b)-jeción —atadura férrea— la po-Ética restituye la voz individual de todo ser humano. El derecho a la palabra constituye el aporte esencial de Ramos. La verdadera po-Ética reconoce que al ser humano lo define el "zoon logos ejon (animal dotado de lenguaje)". Por tanto, toda persona reclama ser poeta en potencia, puesto que lleva en sí misma sentimientos inexpresados.

Mientras las ciencias racionalizan las emociones —de la alegría a la aflicción— y las filtran en fórmulas exactas, universales, la poesía las dispersa de acuerdo con la experiencia individual. En esta vindicación de lo subjetivo —terruño del alma/psique— Ramos hace honor a su apellido. Lo multiplica al ofrecerle a la lectura un verdadero ramillete de flores (anthos) en arco iris. Cada lectura debe interpretar el poemario desde su personalidad. Pero también, a esa idiosincrasia Ramos le aconseja proseguir una recolección de flores, inédita sobre sus propias vivencias. La Tabla Periódica de los Sentimientos (TPS) siempre se encarna en singular, antes de expresarla en el idioma y —pese a la dificultad de la "pendiente"— transformarla en "con-versación" con el Mundo.

Foreword

Una conversación pendiente
Unfinished Conversation
by
Juana M. Ramos

Rafael Lara-Martínez
Professor Emeritus, New Mexico Tech
rafael.laramartinez@nmt.edu
Desde Comala siempre...

Prelude

Composed of thirty-five (35) bilingual poems —Spanish and English— the book *Una conversación pendiente / Unfinished Conversation* by Juana M. Ramos poses a dilemma from the title. If con-verse means "to talk-with", it also implies "to converse/make verses with", as the speaker (I) turns from one line to another in company. The author leaves unanswered the identity of the person with whom she speaks, with whom the collection of poems is written. Poetic language presupposes a dialogue between the writer and someone without a name: Who reads? The memory of the poet herself also persists in the past, her extinct personalities, and the memory of her loved ones.

Obviously, "pending" evokes an unfinished activity —as defined by English— perhaps endless when judging the synonymy of speech with verse: speech/versation-with. But the Spanish term "pending" bifurcates in several senses. It not only alludes to the unfinished; it also hints at the difficulty of a reasoned dialogue between multiple people. Indeed, the "slope" denotes the inclination of the climb towards the summit. Untranslatable into another language, the scale represents a slope that is difficult to ascend, due to its inclination, despite the incessant effort to achieve it. "Be ready to converse; be ready to speak and make verses with you."

Thus, the reading must identify both the disintegration of "You, interlocutor", as well as the various directions of the slope whose ascent to the summit is difficult and perhaps inaccessible. From "conversing", the collection of poems moves to the "pending": unfinished, pending, expectation, slope, hang up, earring, etc. Next, each of the poems whose collage writing can be explored at random is discussed. However, the review seeks to design a common thread that —from the first poem as an opening— narrates the chain of poetic memory in Ramos. These are several bouquets of flowers that, from their dispersion, are knotted into a single colorful bunch.

Opening

"Caminante/Voyager" (1) identifies life itself as an endless journey with no lasting peace. Existence designs a path in which the personal is (con)fused with the social environment. The traveler not only absorbs the residue he finds during the journey —"the dust that smears his feet"— he also spreads his feelings that, raw, live in his body. Changing, he alters faces — he alternates more-faces/masks (más-caras)— like the social functions he performs. It doesn't matter to "find yourself" in meditative confinement. As soon you leave, you hear the bestial "sounds" in which the inner "silence" agonizes.

However, disenchantment does not bring it down, since it behaves like the tree in spring, waiting for the fruit in summer. Absorb the scent of the rivers; he hosts the birds who teach him/her the song. His own greening comes from the sadness that fertilizes it by removing his leaves. It is already known that the eyes of hope do not cry, but rather rain to irrigate the fruits. The seeds are dispersed in clouds without roots, due to the diabolical entanglement that pursues him. We live in a world that identifies "rest in peace" with Death. RIP.

Ariadne's Thread

The following poems seem to define a more specific space, time and person. It is about a woman —perhaps Ramos doubled— who collects her experience, as well as those of her social environment. "La espera/The Waiting" (2) transcribes the dialogue of an adult woman with the memory of her childhood. She "dresses" and "makes up" while "waiting" for that Other-I, lost in time that rotates endlessly. She awaits the impossible return of the missing girl —perhaps her own childhood— due to a double migration: that of years and that of salaried work. Clearly, the city "mutilates" her as much as old age. At least, through the image of the verse, memory traces the synodic revolution in longing to return to childhood.

For this reason, in "Señora Santa Ana debe un milagro/Our Lady Saint Anne Owes a Miracle" (3), another lady goes to the church every day to request the only possible political intervention that could solve social problems: the miracle of Santa Ana. Thus, in "La *Singer*/The *Singer* Sewing Machine" (4), an "orphan" child appears who cures the family problems. He not only knows night work, under torrential rains and the shadow of oblivion. Fortunately, the sale of a sewing machine helps keep the family out of misery. Not in vain, its name "singer, cantor(a)" supports the charm of domestic economy and poetic gratitude.

Often declared by "Una mujer/A Woman" (5), financial solvency is not accompanied by free will. On the other hand, in her comfortable two-story house, even sleep declares "the ditch" of "submission." By embodying the "mother's dreams"—the "loss of the father"—she makes crying a hiding place to survive. The same thing happens in "Una tarde de mayo/A May Afternoon" (6), when the "executioner" points the "syringe" to inject the "betrayal" and extract the guilt. By multiplying, the tears cause an unprecedented tide, until causing the "shipwreck" of the boat that guides the soul during its earthly "slope."

In truth, crying is equivalent to rain as witnessed by "La ciudad se ha inundado de paraguas/Umbrellas Have Flooded the City" (7). The country ingests its inhabitants, since it does not provide them with any labor, food, medical or other services. Without orientation —without hope of the rising Sun that opens its pupils— the residents walk through the city as if a fire were chasing them. Poverty waters bladed weapons that sow bodies of bloody lava. Unfortunately, "Impunidad/Impunity" (8) never punishes domestic or street violence. The same skin writes the testimony in the wound tattooed on the surface of the dermis. Whether she tears off her own skin, she writes the testimony in the wound script of the dermis' surface. Let the pain of the shoot break off its sprouts.

"Una tarde fría/A Cold Afternoon" (9) incites memory that —by recovering childhood— one better accepts the dead end that leads to Death. Although its presence is minimal —or calls for "abstraction"— the smile of "La tía/Auntie" (10) suddenly appeases the clamor of the crowd. It gives you hope. "A esta hora/At this Hour" (11) the text becomes textile that the poet weaves, surprised, into her own body tattooed with streets and parks, where the trees —leaf donors— host the birdsong. Thanks to that enchantment in "slope", from the root to the flower, the woman multiplies as much as geography, from the ocean to the road, to the beehive, and towards the dawn that awakens the World.

Thus, bodily "Las grietas/The Crevices" (12) are supported, even if they ascend in steps towards the bedroom of the years. Decorated with healthy art, the poet imagines its offspring today stolen by time. Occasionally, "Las bondades del metro/The Subway's Benevolence" (13) gives you a chance glimpse in which the hubbub of the crowd on board is diluted. This "Conjuro/Spell" (14) of the gaze is completed by "your" mouth that—through the "kiss"—absorbs the "five letters of my name", hidden in the sense of taste, the same organ of speech and food.

That flavor is a true knowledge developed in the intimacy of "Atardecer/Nightfall" (15). Far from the city noise, the bodies merge in the aquatic "kiss" where the bodily fluids "illuminate" the "certainty" of the word. At that place, the sweet fruit of the "peach" is produced that lasts in its seed. However, the poetic "Consumación/Consummation" (16) of the act does not culminate in revelry. Indeed, the gathering of "flowers" —"Anthos-Logos," anthology— is equivalent to a violent activity that hurts the plant. It makes it "tremble," since the "hand" resembles a sharp "dagger."

A "Segundo aire/Second Wind" (17) is not enough to recover, since "wine" that accompanies food burns the stomach and causes "weariness." Perhaps the very writing of "El poema/The Poem" (18) unleashes the "word" of its "timidity" into the automatic whirlwind of maritime chaos. The only hope is granted by "Renacer/Rebirth" (19). There is no other land than "your (own) body" in which —without "borders"— dwells the psyche/soul/spirit that heals rootlessness. When I am "born," not only do I "bring myself to the world", but also "freedom" springs forth in me, thanks to "forgetting", the complement of memory. I leave and give birth without the pain of memory.

Thus, "La niña/The Niña" (20) identifies herself with one of the "three caravels" that explores unknown oceans, without desire for conquest. She is obsessed with "rain" which irrigates the fields until they bloom. At "Cuarenta y tres años (10 de octubre de 2013)/At Forty-Three (October 10, 2013)" (21), her lacerated body visits "doctors" incessantly. Despite the illness, the "bad state" also inaugurates preludes to dignity. Simply, the earthly uprooting —just like the eternal soul in the earthly biological body— accepts being "Heredera/Successor" (22) of the paternal legacy, the homeland and patrimony. She admits that "the father" leaves an indelible mark on life. She instills a vocation for solitude, aversions and timeless enthusiasms. If such is the "Fatherland", the "Motherland" also causes the anxiety of uprooting. "Mamá se ha ido/Mama Has Gone Away" (23) does not offer a conclusive answer. Motherland abandons her "offshoots" who, parched by their lack, fail to flourish, much less bear fruit. Her legacy is equivalent to a "void."

Therefore, "Dicen/It Is Said" (24) that maritime remoteness breaks down "nostalgia." Until its high tide comes the "shout" that tears apart the "throat" through the largest opening in the face. It has already been said that bodily "door" combines daily food with language and a loving kiss. Fortunately, the climb to "Cypress Hills" (25) grants her the view of "a little man" and "two mouths" meeting. It does not matter that "deadened flowers" are scattered, her vocation as a "gazelle" leads her to the exit of the "cemetery" sanctified by Death.

As she descends from the hills, she realizes that there is "Una conversación pendiente/Unfinished Conversation" (26). Perhaps it is left lying on the slope whose decline does not "clarify" the speech subject. Everyone is affected by the "storms" that hinder the clarity of the dialogue, caged in an underground. At least, the memory (re-Cuerdo) revives "La distancia/Distance" (27) in imagination made into words. The years pass, but when reviewing the photos the shadows of the past cut the path towards what is lost.

In this way, "Lo que quiero/What I Want" (28) is to climb the mountain to get closer to the "blue." You must get rid of the bustle of the city, thanks to the bridge that leads to other worlds. Thus, the poet reflects that "No es recomendable/It Is Best Not" (29) "to think about old age," nor about the many inevitable illnesses of the future. She must live in the present, even if the "anthill" of urban buildings swallows every illusion of a bird in flight. It is already known that "En un invierno rosarino/Winter in Rosario" (30), the cold eats away at the "bones." One cries like a "child", while the verse "trembles", due to the "innocent little girl" experience.

But "Gajes de la vida/The Perks of Life" (31) advise the need to externalize fury and sadness. You don't have to lock yourself in; worse still, imprisoning feelings. On the other hand, it is necessary for the ex-crement to fulfill its function of exit (ex-), just as it happens in the ex-silium and in the ex-piration of the word in the written letter. Even if it becomes manure, its presence fertilizes the flower (anthos).

Thus, "Tu memoria/Remembering You" (32) becomes a festive carnival in which float cordial costumes in a parade. At that moment, "La sangre llama (Consanguinidad)/ Blood Knows Blood (Consanguinity)" (33) the proximity of family thought. Their closeness imitates the fraternal embrace. Beside it —in blues— "Pulaski Bridge" (34) evokes the vertical rise of the slope. Due to its character as a bridge, it connects two disparate worlds: the city and the deep river. It is as deep as the desire for suicide that must be aborted before returning home. Finally, "En mi herida/In My Wound" (35) it festers the "shipwreck" of the inevitable ex-sile like ex-sistence itself. Such is the primordial "crime scene." It in-sists from the deep crevice of love that is living flesh, in the double Castilian sense: meat and flesh at the same time. It is necessary to "devour" it as food that nourishes the poetic feeling.

Requiem

There is often an emphasis on developing objective approaches to facts. This perspective eliminates the testimony of experience. Subjects who experience events firsthand lack the right to speak. They are turned into objects without their own subjectivity. Their quality as speaking subjects is censored, who perceive their ex-sistence in a singular way.

Against this su(b)-jection —iron bond— po-Ethics/poetics restores the individual voice of every human being. The right to speak constitutes Ramos' essential contribution. True poetry recognizes that human being is defined by the "zoon logos ejon (animal endowed with language)." Therefore, every person claims to be a potential poet, since (s)he carries within him/herself unexpressed feelings.

While sciences rationalize emotions —from joy to sorrow— and filter them into exact, universal formulas, poetry disperses them according to individual experience. In this vindication of subjectivity —terroir of the soul/psyche— Ramos honors her last name. She multiplies it by offering inquire a veritable bouquet of flowers (anthos) in a rainbow. Each reading must interpret the collection of poems from his/her personal approach. But also, to this idiosyncrasy, Ramos advises it to continue collecting flowers, unpublished, on his/her own experiences. The Periodic Table of

Feelings (PTF) is always embodied in a singular way, before expressing it in language and —despite the difficulty of the "slope"— transforming it into a "conversation" with the World.

*****

Postscript: it should be noticed that, in its constant activity linking sound and meaning, language is untranslatable. For this reason, in this "Prologue", several Spanish terms remain doubtful in their English version. The most important terms are the following: a su lado-azulado = beside it/her-in blues; camposanto = cemetery-sacred field; canto = song and en-canto = enchantment; máscaras = masks/more-faces; po-Ética = poetics-the ethics of poetry; pendiente = unfinished, etc.; cuesta = slope/it costs; parto = I give birth/leave; re-Cuerdo = remembrance/re-Cordial; sabor/saber = taste/knowledge, and obviously the last name Ramos = Bouquets. The roots in sound and letters of meaning do not correspond from one language to another.

Foreword translated by
RAFAEL LARA-MARTÍNEZ

Caminante

Caminante
que deja algo de sí
        en el camino,
escucha el cencerro
que cuelga de un humano
quien ha extraviado
        su humanidad,
pero sigue dando pasos.
Al doblar de su destino
la descubre acurrucada
en cuatro esquinas
repitiendo su última agonía.
La toma entre sus brazos,
ambos hechos piedad
        buscan templo,
        capilla, altar,
un espacio donde aposentarse,
para observarte, caminante,
con tus máscaras que quitas
y que pones, que delatan
tus premeditadas huellas.
Te absorbe la hostilidad
de tus cansancios,
pero unges tus pies
con el polvo del camino,
procuras la sombra

VOYAGER

The voyager
who leaves bits of self
      along the road,
hears the cowbell hanging from a human
      whose humanity has gone astray,
but keeps on walking.
Turning the corner of his destiny
he finds it curled up in four corners
reliving the throes of death.
He takes it in his arms.
With reverence, now,
      they search for a temple,
      chapel, altar
a space in which to rest,
to observe you, voyager,
and the masks that you put on
and take off, that betray
your premeditated tracks.
You are absorbed by the hostility
of your weariness,
but you smear your feet
with the dust of the road,
you look for the shade

del árbol centenario
que generosamente te cobija,
bebes ríos, cantas pájaros,
respiras norte y sur,
te comprendes en la hoja,
reverdeces, brotas,
          das tu fruto.
Pero vuelves a tu andar
bajo un sol que ahora te castiga,
te marchitas, te anocheces,
          te huracanas,
te arrancas de raíz,
irreconciliable, inhóspito,
y retornas a tus máscaras,
las que te han llevado
a salvo por la vida.
Enmascarado andante,
retomas veredas,
el filo de tu paso
va dejando cicatrices,
se te multiplican las voces
que te dividen, te suman
          y te restan,
pero sigues estando,
te quedas en la mano
que saluda con sospecha,
en la palabra que pronuncias

of the hundred-year old tree
that generously shelters you,
you drink rivers, sing birds
breathe north and south,
you understand yourself in the leaf,
you bloom, you sprout,
you give fruit.
But you return to your trek
beneath a now punishing sun,
you wither, you nightfall,
    you hurricane yourself,
pulling out your roots,
implacable, sullen,
and you return to the masks
that have carried you safely
through life.
Masked voyager,
you return to your path,
the edges of your steps
leave scars,
the voices that divide you,
add you,
  and subtract you
  now multiplying.
Yet you continue to be,
leaving pieces of yourself
in the hand
that greets with suspicion,
in the words you pronounce

           con cautela,
en los cuerpos aún tibios
que te ruegan sepultura,
te pones en escena
en cada abrazo que te sofoca,
que interrumpe tu silencio.
          Caminante
te persiguen los demonios,
no puedes enfrentarlos
y huyes hacia ti,
das de golpes a tu puerta,
te encierras y sigiloso
observas desde ti
los instantes fugitivos,
embaucadores que en su día
devoraron tu confianza.
Parpadea la clemencia en tus ojos,
pero ya nadie te engaña,
ni la complicidad que destilan
          los que callan,
ni aquel que edulcora la palabra,
se sienta en tu mesa
y comparte el vino y la sonrisa.
No hallas paz,
          porque no la hay.

                with caution,
in the still warm bodies
begging to be laid to rest,
you take the stage
with each embrace that suffocates you,
that interrupts your silence.
        Voyager
pursued by demons
you cannot face,
you flee to yourself,
banging on your door,
you lock yourself in and secretly
observe from within yourself
the fleeting moments,
tricksters who in their day
devoured your confidence.
Your eyes blink with clemency,
but by now no one fools you,
neither the complicity oozing from
        the silent ones,
nor he who sweetens his words,
sits at your table
and shares wine and a smile.
You find no peace,
        because there is none.

LA ESPERA

Dicen que ese día
despertaste muy temprano
con la niña en tus recuerdos.
Pediste tu vestido nuevo,
        maquillaje,
sentada en la sala
calmaste la espera
entre tus brazos.
"La niña prometió
        que vendría,
llamó temprano esta mañana",
        les dijiste.
Pero tu niña recorre
otros caminos,
estrecha otros acentos,
        toma aviones,
        metros, buses
que la alejan de tu espera,
la consumen horas de oficina,
muere cada madrugada,
un despertador le dice
        diariamente
"levántate y anda",
hay días en que entierra la cabeza,
otros en que la inundan temporales,
        se destiñe,

THE WAITING

They say that on that day
you awoke very early
with memories of your little girl on your mind.
You asked for your new dress,
                make-up,
sitting in the living room
you cradled the waiting
in your arms.
"She promised she would come,
she called early this morning,"
        you told them.
But your little girl travels
along other paths
she intimates with other tongues,
        takes buses,
        subways,
        planes
that distance her from your waiting.
Office hours consume her,
she dies with each sunrise,
every day an alarm clock
        orders her
"Rise up and walk."
On some days she buries her head,
on others, as she is ravaged by storms,
        her colors fade.

se va quedando de a pedazos
　　　　en la urbe,
le han mutilado hasta el nombre,
　　　　se ha extraviado,
no encuentra el camino.

Bit by bit she is overtaken
       by the city,
even her name has been mutilated.
       She has lost her way
and cannot find it.

SEÑORA SANTA ANA DEBE UN MILAGRO

Esquina avenida
      Fray Felipe de Jesús Moraga,
colonia El Palmar.
      Cuarenta centavos,
Ruta 51C.
      Diecisiete años,
devota ferviente,
      no le cabe una duda.
A diario, cada tarde,
      se despereza en casa el uniforme.
 Parada: Catedral.
      En el atrio, creyentes
lanzan maicillo a las palomas.
      Una mujer agrietada,
talones partidos,
      curtida por el sol
vocea su mercancía:
      escapularios, estampas,
medallas y velas,
      seductoras ofrendas,
pretende hacer de esa tarde
      un *26 de Julio*.
Con su niña al costado,
      estrenando vestido
de encajes blancos,
      llena de flores,

OUR LADY SAINT ANNE OWES A MIRACLE

Corner of
      Fray Felipe de Jesús Moraga Avenue
in the neighborhood of El Palmar.
      Forty cents,
Route 51C.
      Seventeen years old,
fervently pious,
      she has not one doubt.
Every day, every afternoon,
      she shakes off her uniform.
Bus stop: Cathedral.
      In the atrium, the faithful
toss sorghum to the pigeons.
      A wrinkled woman
with split heels,
      tanned by the sun,
hawks her merchandise:
      scapularies, prints,
medals and candles,
      alluring offerings,
she aims to turn this afternoon
      into a Feast of St. Anne.
Wearing a new white lace dress,
      with her little girl at her side,
Our Lady Saint Anne, covered in flowers, waits,

Señora Santa Ana espera,
        sonrisa cansada
y ojos perdidos,
        el pueblo y la alcurnia
le encomiendan sus preces.
        Devota, camina
por la nave principal,
        ya en la banca,
de rodillas, cabeza inclinada,
        dientes apretados
deja escapar la misma letanía.
        Devota, sus pasos cruzan el altar,
ante la imagen de la Patrona
        generosa y dispuesta,
acicalada por la fina mano del sacristán.
        Devota, le acaricia un pie,
manosea el encaje,
        le enciende una vela,
rueda una lágrima,
        se persigna y de vuelta a la 51C.
Señora Santa Ana,
        de la Ciudad Morena,
no olvide usted nunca
que debe un milagro.

    with a tired smile
and eyes lost in ecstasy,
    the low and high born
entrust her with their prayers.
    Devoutly she walks
down the central nave,
    once at the pew,
she kneels, head down,
teeth clenched,
the familiar litany escaping her mouth.
    Devoutly, her steps cross the altar
before the image of the generous and willing
      Patron Saint
dressed up by the sacristan's meticulous hands.
    Devoutly, she caresses a foot,
strokes the lace,
    lights a candle,
a teardrop falls,
    she crosses herself and back to Route
51C.
Our Lady Saint Anne
    of the *Ciudad Morena,*
do not ever forget
    that you owe a miracle.

LA *SINGER*

Tenía siete años,
huérfano en todo sentido,
se aferró a mi madre,
      casi escombros.
De noche era obrero,
empujaba el pan
de nuestro día a día.
Se enfrentó a aguaceros
en pantalones cortos,
a oscuranas que conocía
      de memoria,
a deshoras en las
que duermen los niños,
a la realidad que mis cortos
      años ignoraban,
a las amarguras y necesidades
que habitaban el caserón
oscuro en el que crecía,
al dolor sin tregua
que había heredado
y, en reiteradas ocasiones,
al cinturón hambriento
      que empuñaban
las manos de mi padre.
Le proporcionó a mi madre
una mano amiga,

The *Singer* Sewing Machine

He was seven years old,
orphaned in every sense of the word.
He latched onto my mother,
        almost in ruins.
At night, he was a worker
providing our daily bread.
In short pants,
he braved rainstorms
in the darkness
        that he knew by heart
at ungodly hours
during which children sleep,
and realities that my young years
        did not see,
the sorrows and misery
of the ramshackle house
in which he grew,
the inherited,
unceasing sorrow
and, on repeated occasions,
the insatiable belt
wielded by my father's hands.
He offered my mother
a friendly hand,

cómplice armado
de triste sonrisa,
sus pasos se repiten
      en las aceras
donde sus débiles brazos,
sumados a los de mi madre,
llevaron la *Singer*
      y la trocaron
por unos colones
que al siguiente día
aplacarían las demandas
de nuestros estómagos.
Desde las miserias
que ahora me habitan
      te agradezco
el esfuerzo cotidiano
que alimentó mi vida.

accomplice
with a sad smile.
His steps echo
on the sidewalks
where his weak arms,
together with my mother's,
carried the *Singer*
  and exchanged it
for some *colones*
that, the next day,
would placate
the demands
of our stomachs.
From the place of despair
that now inhabits me,
  I thank you
for the daily effort
that sustained my life.

UNA MUJER

Una mujer derruida,
vestida de sombra,
canta una canción
sucinta, sinuosa.
      Su voz,
llena de zanjas,
es acantilado
al que se precipitan,
atestadas de noche,
sílabas cargadas
de melancolía.
Es una mujer sometida,
prolongada en la penumbra
de su intrascendencia,
aferrada al borde
de su palabra laxa,
de la insistencia
      de su duelo,
del paradero de sus restos.
Es una muñeca
desnuda, azul,
de voluntad rota,
siempre salvando
      las distancias,
excavada en su orfandad,
esperanzada en el tiempo,

A WOMAN

A dilapidated woman,
dressed in shadows,
sings a song
both sinuous and succinct.
      Her voice,
riddled with furrows
is a precipice
where syllables,
laden with melancholy,
heavy with night,
              crash.
She is a subjected woman
drawn out in the twilight
of her insignificance,
clutching the edge
of her slack word,
the insistence of her grief,
the whereabouts
      of her remains.
She is a doll,
naked and blue,
with a broken will,
always bridging
            distances,
hollowed out by her orphanhood
having hope in time,

huidiza e incapaz
de asumir al enemigo,
siempre en tercer día
habitando sus infiernos,
sin propósito de enmienda,
proliferada en quebranto,
trágicamente cotidiana,
   damnificada
en cada despedida.
Mujer de una de cal
y otra de arena,
sospechosa que vibra
con el esbozo de un gesto,
que nada en sus honduras,
resignada a los sueños
   de su madre,
al "te pierdo" de su padre,
a un probable perpetuar
   el apellido,
a una casa, su refugio,
de dos pisos con garaje
y siete cuartos
en los que seguramente
llorará a escondidas,
vuelta apéndice,
vuelta costilla.

elusive and unable
to take on the enemy.
Always on the third day
living in her hell
without trying to make it better,
with proliferating decay,
tragically pedestrian,
        victimized
in each goodbye.
Woman blowing
hot and cold,
suspicious and quivering
at the slightest hint of a gesture,
who swims in her own depths,
resigned to her mother's dreams,
to her father's "Today I lose you"
to a probable perpetuation
        of the surname,
a house, her refuge
two stories and a garage
seven rooms
in which she surely
must cry in secret,
having now been turned
        into an appendage,
        into a rib.

UNA TARDE DE MAYO

La jeringa supura
la culpa, el alivio, el miedo.
En casos como este,
apunta el verdugo,
suele ceder el esfínter.
Hago como si no escuchara
y mis labios Iscariotes
pronuncian un beso.
Es la mejor decisión
(un eco a lo lejos).
Se instalan de nuevo
el alivio y la culpa.
Me precipito en lágrimas
es la hora del naufragio.

May Afternoon

The syringe oozes
guilt, relief, fear.
In cases like these,
the executioner explains,
the sphincter tends to loosen.
I pretend I don't hear
and my Judas lips
form a kiss.
It's the right decision
(an echo from afar).
Relief and guilt
once again take hold.
I burst into tears
the hour of devastation
now upon us.

LA CIUDAD SE HA INUNDADO DE PARAGUAS

En el país que a diario nos devora
el que muchos no ubican en el mapa
arden pasos que incendian las aceras
también falta la leche
no hay camas en los hospitales
no alcanzan los sueldos
pero sobra el déficit y el tránsito.
Una señora (bebé en brazos)
grita en una esquina transitada
de esta ciudad cuchillo
de esta ciudad navaja
de esta ciudad machete:
-chicles, cigarros, fósforos-
y arden las aceras
con pasos incendiados.
En primera plana impresa y digital
una niña menarca
una niña tierra fértil
una niña arada por un padre putativo
busca una luz que disipe la sombra
que se ha apoderado de su vientre
mientras los legisladores se rehúsan
a romper las tablas de la ley
mientras deciden por su apenas cuerpecito
al unísono las mujeres del barrio

UMBRELLAS HAVE FLOODED THE CITY

In the country that devours us daily
the one that many cannot find on a map
burning steps set fire to sidewalks
and there is also a lack of milk,
of hospital beds,
of adequate salaries,
while there is an abundance of deficit and traffic.
A woman (baby in her arms)
screams on a busy corner of
this city of knives
this city of blades
this city of machetes:
-gum, cigars, matches-
and the sidewalks burn
with steps that are ablaze.
On the front page in print and online
a girl in menarche
a fertile land of a girl
a girl plowed by her putative father
searches for a light to dissipate the shadows
that have invaded her womb
while the lawmakers refuse
to break the tablets of the law
while they pass judgement
on her barely budding body.
In unison the neighborhood women

reiteran lo que por siglos han venido repitiendo:
-la criatura no tiene la culpa-
-¡Dios guarde! Es un pecado-
-no pidió venir al mundo-.
-La madre es la culpable-.
¡Pero en qué momento estamos!, dicen.
Que qué sociedad es esta, repiten
en la que vale más la vida de
un perro que la de nuestros niños.
Gesticulan y a dos manos
se agarran la cabeza.
Mientras tanto en cada fiesta patronal
o decembrina el primer mundo
hace acto de presencia
en esta ciudad pólvora
en esta ciudad bala
en esta ciudad revólver
con luces y figuras coloridas
y plazas adornadas con
árboles navideños y fuegos
artificiales al estilo neoyorquino:
-De una vez se evitan accidentes-
dice un vendedor ambulante
que sujeta con firmeza cadera
abajo la mitad de un maniquí.
-No es más que pan y circo-
masculla un joven pelinegro
que presume de haber leído
a Gimferrer en catalán.

reiterate what they've been repeating for
　　　　centuries:
"the child is not to blame"
"God protect us! It's a sin."
"It didn't ask to come into this world."
"The mother is to blame."
"But what have we come to?" they ask.
"What kind of society is this?" they repeat,
"in which a dog's life is worth more than our
children's?"
They gesticulate
clasping their head with both hands.
Meanwhile, on saints' days
and December holidays
the first world puts in an appearance
in this city of gunpowder
this city of bullets
this city of revolvers
with colorful lights and decorations
Christmas trees and fireworks
and public spaces decked out New York style:
"In this way, accidents are avoided"
says an itinerant salesman
firmly holding the bottom half of a mannequin.
"It's just bread and circus"
grumbles a dark-haired youth
who boasts of having read
Gimferrer in Catalan.

-Por fin ideas nuevas-
manifiesta la mayoría
apostada en la plaza engalanada.
Unos kilómetros
al este de la algarabía
la calle se desangra:
una mujer es muerta a machetazos
frente a sus tres hijos que
no suman más de nueve años.
-La inseguridad está a la orden del día-
comenta el conductor del programa
matutino de mayor audiencia.
-Ahora pasemos al segmento del tiempo-.
Sonríe a la cámara y guiña un ojo.
La ciudad se ha inundado de paraguas.

"Finally, new ideas"
express the majority of those
camped out in the festive venues.
Some kilometers
to the east of the hubbub
a street bleeds out:
a woman has been murdered with a machete
in front of her three children
whose combined ages do not total nine.
"Insecurity is the order of the day"
says the commentator of the most watched
morning program.
"Now let's have a look at the weather."
He smiles at the camera and winks.
Umbrellas have flooded the city.

IMPUNIDAD

A Katya Miranda

Cuando todo haya pasado
      serás un manojo de piel humedecida.
Habrás ahogado un grito, tal vez.
      Niña boca arriba en la arena
ahora no entiendes el secuestro
      de este mar profundo
que te lame con su espuma
      que inunda de sal los retoños de tu pecho.
Para cuando todo esté cumplido
      serás tan solo un tierno racimo desgajado
se habrán cerrado los oídos
      no habrá quién dé fe de los pasos
que abrieron zanjas en la orilla de tu sueño.
      Niña boca abajo en la arena
lanzaré al pozo tu adulterado cuerpo
      a las dulces aguas
que calmarán tus atentas sedientas llagas.

IMPUNITY

For Katya Miranda

By the time it has all passed
        you will be a handful of damp skin.
Perhaps you stifled a scream.
        Little girl face up in the sand
you do not understand now
        that this deep sea
                that licks you with its foam
that plunges your budding breasts in salt
        has abducted you.
By the time it is all over
        you will be but a delicate, detached clump,
ears will be deafened
        there will be no one to bear witness
                to the footsteps
that dug trenches in the shores of your sleep,
        your dreams.
        Little girl face down in the sand
I will cast your adulterated body into the well
        into the sweet waters
that will soothe your thirsty watchful wounds.

UNA TARDE DE FRÍO

Siempre me gustaron los campanarios
    y las mujeres con sombrero
los hombres que confiesan
una receta de su madre en la cocina
el otoño en pleno y sus hojas
    la cafetería a punto de la asfixia
entre dos franquicias multinacionales.
Hace mucho frío esta tarde
y suena una voz aguda en bachata.
    Aprieto los dientes sin saberlo
me lo anuncia la mandíbula tensa y dolorida.
Algún día sanaré, pienso,
mientras recuerdo que las calles de mi infancia
    han vuelto a inundarse.
En esta habitación agoniza el tiempo
    y limpio las gavetas
(en el fondo una imagen
    de la Calzada de los Muertos)
    desuello las paredes
en un arrebato minimalista:
solo quiero una mesa y una silla.
De tanta ciudad hoy lloran los pájaros
    buscan el árbol centenario.
Los campanarios siempre me gustaron,
        insisto.

A Cold Afternoon

I have always liked bell towers
        and women in hats
men that divulge
their mother's recipe in the kitchen
autumn in its fullness and its leaves
        the cafeteria stuffed to its gills
by two multinational franchises.
It is very cold this afternoon
and a shrill voice sings *bachata*.
I clench my teeth without realizing,
the pain in my tense jaw lets me know.
One day, I will heal, I think to myself,
while I remember that the streets of my childhood
        again overflow.
In this room time agonizes
        and I clean out my drawers
(deep within them
        an image of the *Calzada de los Muertos*)
        I peel my walls
in minimalist rapture:
I want only a table and chair.
Today the birds cry because of so much city,
as they search for the hundred-year-old tree.
I have always liked bell towers,
        I repeat.

La tía

La tía es una idea,
       lo abstracto,
       a veces una voz
       en la otra punta
del teléfono,
en ocasiones especiales
       un videojuego o un dinosaurio;
un regalo de cumpleaños,
       otro navideño;
una foto en las paredes
       de una sala ajena,
la visita escueta
       de una vez al año,
un ser, no siempre humano,
       entre una multitud
menos humana que ella.
       Es responsable,
busca acomodo
       en el mismo espacio
del mismo tren
       los mismos días de la semana.
La tía compra su café
       (hoy le ha dado
       por beberlo sin azúcar),
su muletilla para enfrentar
       cuatro horas seguidas

AUNTIE

Auntie is an idea,
>an abstraction,
at times a voice
>at the other end
of the telephone,
on special occasions
>a videogame or a dinosaur;
a birthday gift,
>another for Christmas;
a photo on the walls
>of someone else's living room,
the hurried yearly visit,
a being, not always human,
>among a multitude
less human than she.
>She is responsible,
looking for the same seat
in the same train
>on the same days of the week.
Auntie buys her coffee
>(she feels like drinking it
>without sugar today),
the crutch with which to bear
>four long hours

    de morfosintaxis.
La tía es pura sonrisa
    con su respectiva carcajada,
es pura angustia
    con su respectiva lágrima,
es pura zozobra
    con su respectivo miedo.
La tía es cada avión
    que logran ver los ojitos
del niño dulce al que se aferra,
    es luz y es sombra,
un perfecto claroscuro;
    un montón de libros
en una vieja valija
(en su espacio no hay desvanes),
un cuento
    con muchos personajes.
La tía es veinte años antes
    y veinticinco años después,
es un pasillo largo y tedioso,
es escalera empinada
    en la que serpentea,
una mano bien abierta
pidiendo limosna,
la que pierde por obligación,
a pesar de su necesidad,
    la que ayuda,
aunque no pueda

    of morphosyntactic analysis.
Auntie is pure smiles
with their attendant belly laughs,
she is pure anguish
   with its attendant tears,
she is pure distress
   with its attendant fear.
Auntie is every plane
   seen by the eyes of the
sweet little boy she clings to,
   she is light and shadow,
a perfect chiaroscuro;
   a pile of books
in an old briefcase
(there is no attic where she lives)
a story
   with many characters.
Auntie is twenty years before
   and twenty-five years later,
   a long and dreary hallway,
a steep staircase
   along which she reels,
a wide-open hand
asking for alms,
the one who of necessity loses
despite her need,
   the one who helps
although she cannot
   and the one

y a la que nadie
puede ayudar.
      La tía es la de a veces
la de siempre,
      la de nunca.

no one can help.
        She is the Auntie
of sometimes,
of always,
of never.

A ESTA HORA...

...una mujer
se aferra a la memoria,
se mece lentamente en
los versos que ha tejido
¿tal vez de madrugada?
   Una mujer se dibuja en mis manos
   me recuerda que aún hay sitio
     para el asombro.
   Y tiembla la letra empeñada en contenerla,
   y tiemblo y contengo mi empeño
     en deletrearla.
Una mujer atraviesa
las ciudades en mi pecho
susurra árbol, raíz, flor,
dice mis ojos deslumbrados
escribe el canto de un pájaro
temido y temeroso.
   Una mujer pone el dedo en mi tormenta,
   se repite en los espejos aún velados,
   camina descalza sobre mis cuchillos,
   sobre la herrumbre que dejaron
     otros labios,
   sobre la hierba sedienta para siempre,
   sobre el filo que ofrece esta ordalía.
Una mujer océano
una mujer camino

AT THIS HOUR...

...a woman
clings to memory,
she rocks herself slowly
in the verses she has woven
in the wee hours, perhaps?
> A woman appears sketched in my hands
> reminding me there is still room for
wonder.
> And the letters insistent on restraining her
tremble,
> and I tremble and restrain my insistence
on spelling her.
A woman travels across
the cities in my breast
she whispers tree, root, flower,
she pronounces my dazzled eyes
and writes the song of a bird
at once feared and fearful.
> A woman, repeated in still hidden mirrors,
> puts her finger on my anguish,
> walks barefoot on my daggers,
> on the corrosion left by other lips,
> on the eternally thirsty grass,
> on the blade proffered by this ordeal.
A woman
ocean

una mujer colmena
ha vuelto mis días
agridulces madrugadas.

journey
hive
has turned my days
into bittersweet dawns.

LAS GRIETAS

La señora
(como la llaman
los que logran ver sus grietas)
del apartamento número impar,
entra y sale a horas no pico,
sube las escaleras
con la mirada puesta
        en cada grada,
piensa en los años que le quedan.
Hace dos quincenas
le cayó una jaqueca
que no cura el analgésico
ni tampoco la oración
(a pesar de la insistencia
        de su madre).
Se la ve transitar millas,
en actitud de huida,
propensa a tropezar
con todas las piedras
        que ha lanzado.
Camina mes a mes
sobre las brasas,
vence a duras penas la ordalía

THE CREVICES

The lady
(as she is called by those who perceive her
crevices)
who lives in the odd-numbered apartment
comes in and out at off-hours,
climbs the stairs
with her gaze fixed
        on each step,
thinking about the years she has left.
About two fortnights ago
she started having a headache
that neither painkillers nor prayer
(despite her mother's insistence)
        have cured.
One can see her travel miles,
as if she were fleeing,
prone to trip
over all the stones
        she has thrown.
She walks over hot coals
month after month,
overcoming the ordeal with difficulty
(still thinking herself privileged).
On the way she sometimes looks
for an unselfish hand

(sigue creyéndose privilegiada).
A veces busca en el camino
una mano altruista
(porque a pesar de todo,
un poco de fe le permanece).
Sus noches son,
        casi siempre,
en duermevela o atrapada
en un sueño donde hay otra mujer
que se arrastra en un piso de madera,
o un pantaloncito de mezclilla
que intenta robar para su niño
que no es de ella
pero que le da una razón
para seguir contando los pasos.
La mujer del cuarto diminuto
observa a las tres de la mañana
la colorida máscara de un vejigante,
una virgen de Guadalupe
en miniatura y un arcángel
(mutilado y de espaldas)
compartiendo la repisa;
el espejo que compró
en uno de sus viajes
en calidad de artesanía
y un cuadrito de Frida
adornando la pared amarillenta.
Escucha una alarma de fuego
a lo lejos, no se inmuta

(because after all,
she still has some faith left).
Her nights are,
      almost always,
spent tossing and turning or trapped
in a dream where there is another woman
dragging herself on a wood floor
or a small pair of denim pants
that she tries to rob for her little boy
who is not hers
but who gives her a reason
to keep counting her steps.
The woman in the tiny room
observes, at three in the morning
the colorful mask of a *vejigante*,
a miniature Virgin of Guadalupe
and an archangel
(mutilated and with his back turned)
sharing the shelf;
adorning the yellowing wall
the artisanal mirror purchased
on one of her trips
and a small image of Frida.
She hears a fire alarm
in the distance, she is not fazed

(dejó de hacerlo hace
: ya varias quejas).
Comparte la cama
con todos sus inconvenientes,
se acuesta con todos sus dilemas.
Fragua una salida,
pero solo la fragua
no se atreve a ejecutarla:
: por ahora.

(that stopped happening a few
        complaints ago).
She shares her bed
with all her impediments,
she lies down with all her predicaments.
She devises an exit
but only devises it,
not daring to execute it:
              for now.

LAS BONDADES DEL METRO

Pelo corto,
flores estampadas,
belleza orgánica,
sandalias jazmín.
Un asiento compartido.
Arquea la ceja izquierda,
hay cuerpos por doquier
con aparatos inteligentes
en grandes conversaciones
y conversaciones aparatosas
que carecen de inteligencia.
        Parece notarlo.
Frunce el ceño.
        Sacude
ligeramente la cabeza.
Se percata de la curiosidad
        que destilo,
de la urgencia de un encuentro
        de pupilas,
del temblor insistente
de mi pierna izquierda
(la que siempre me delata).
Vierte una sonrisa.
Se entera de que hay
en el vagón calor humano.

THE SUBWAY'S BENEVOLENCE

Short hair,
floral print,
organic beauty,
jasmine sandals.
A shared seat.
She arches her left eyebrow,
everywhere are bodies
with smart devices
having grand conversations
noisy conversations
lacking intelligence.
        She seems to notice.
She frowns,
        lightly shaking her head.
She becomes aware of my oozing
            curiosity,
of the urgency of the meeting
        of our pupils,
of the insistent tremor
of my left leg
(the one that always gives me away).
She lets flow a smile,
realizing there is some human warmth
        in the subway car.

Invierte en mí otra mirada,
me asalta un verso.
Yo no escribo por encargo
   (me repito),
mucho menos a pedido
de un hoyuelo sugerido
   en la barbilla,
   de unas piernas
que no pasan de dos décadas,
de un encuentro irrepetible.
De pie frente a la puerta,
ya en la puerta sus pies
procurando la salida.
   Yo detrás.
Va dejando migas de sonrisa
que sigo con prudencia
entre el hervor de gente.
El sol se estrella en la escalera.
A la boca tumultuosa
del metro me ha sacado,
como gota que derrama
   el vaso.

She ventures another look at me,
I am assailed by a line of verse.
I do not write on demand
    (I repeat to myself),
especially not at the request
    of a slightly dimpled chin,
    of legs
that are not over two decades old,
of an unrepeatable encounter.
Standing by the door,
her feet are in quest of the exit.
    With me behind.
She goes strewing the crumbs of a smile
that I prudently follow
amidst the feverish crowd.
The sun crashes on the steps.
She has led me out of the
tumultuous subway
like a drop that overflows
    the glass.

Conjuro

Secreto a voces,
        mi nombre,
en tu boca,
impronunciable
e inconveniente,
zona inhóspita,
        crujido,
          escombros.
Prueba contundente,
        mi nombre,
        en mi boca,
        cinco letras
que me amparan,
        rincón
en el que me acurruco,
viga, techo, tabique,
puerta clausurada,
        casa
en la que no entrarás
        de nuevo.

SPELL

My name,
        open secret,
in your mouth,
unpronounceable
and inconvenient,
unwelcoming space,
        crackle,
        wreckage.
My name,
        indisputable proof,
        in my mouth,
        five letters
that shelter me,
        corner
in which I huddle,
beam, ceiling, wall,
door closed shut,
        house
you will never again
        enter.

ATARDECER

¿Quién, ante el amor,
se atreve a nombrar el infierno?

CHARLES BAUDELAIRE

No,
esta vez no es la ciudad,
es el olor a durazno
que despide tu pelo,
es el color alabastro
      de tus manos
que frotas con calma
en señal de protesta,
es un bullicio agolpado
      en el pecho.
No es la ciudad,
son los pasos
en busca del agua,
ancha y quieta
que invita a romper
      su serenidad.
Porque todo sabe a ciudad
y esta vez no duele,
porque todo sabe a río
y río a medias
con una sonrisa entera,
como quien presiente

Nightfall

> *Who, in love's presence,*
> *dares speak of Hell?*

CHARLES BAUDELAIRE

No,
this time it's not the city,
it's the fragrance of peaches
that wafts from your hair
the alabaster
      of your hands
that you calmly
rub in protest,
it's a jostling clamor
      in my breast.
It's not the city,
it's the footsteps
looking for the
wide and calm water
that invites us to interrupt
          its serenity.
Because everything tastes like city
and this time it doesn't hurt
because everything tastes like river
and I half laugh
with a full smile
as one who foretells

una tristeza inmensa.
Es el "NO"
pez grande,
ballena que se traga la
        esperanza.
Procúrame tus certezas
para iluminar las entrañas
y hallar la salida,
bríndame tus hallazgos
para cerrar
sin remordimiento
        la puerta,
préstame tu paso,
para doblar la esquina
y no volver atrás.
Insisto,
no es la ciudad,
es el silencio
que otorga
derechos
y conduce
        a engaños,
es aquel edificio
que se ve a lo lejos
y hiere el horizonte,
donde choca el sol,
donde habrá dos cuerpos
buscándose con insistencia.

an enormous sadness.
It's the "NO",
the big fish,
the whale that swallows
           all hope.
Endow me with your certainty
so that I can throw light on my insides
and find the way out,
offer me your revelations
so that I can close the door
           with no remorse
lend me your gait
so that I can turn the corner
and not come back.
I insist,
it's not the city,
it's the silence
that grants
rights
and leads
     to deception,
it's that building
faraway
wounding the horizon,
where the sun collides
where there must be
two bodies
incessantly
reaching for each other.

Repito,
no es más la ciudad,
es la tarde que convida,
es la cuerda floja
son los mil malabares
      de un beso enano.

I repeat,
it's not the city now,
it's the enticing afternoon
it's the tightrope
the thousand juggling acts
               of a dwarf kiss.

Consumación

> *Little dark girl with kind eyes*
> *you have no knife, the knife is*
> *mine and I won't use it, yet.*
>
> CHARLES BUKOWSKI

Abrupta flor
en mi jardín te abres
pálida quebradiza
        temblorosa.
Mi mano,
chupamirto
(o puñal, tú decides),
se despeña
en la inmediatez
        de tu cáliz,
se arroja antes de tiempo,
mas en el tiempo justo,
su presencia hiere
        su tino hiere
hiere menos
        que otros filos.

Consummation

> *Little dark girl with kind eyes*
> *you have no knife, the knife is*
> *mine and I won't use it, yet.*
>
> Charles Bukowski

Unexpected flower
in my garden you open
      pale
      fragile
      trembling.
My hand,
a hummingbird
(or dagger, you decide),
yields
to the proximity
of your calyx,
it plunges in early,
yet just at the right time,
its presence wounds you,
      its deftness wounds you
less than
    other blades.

SEGUNDO AIRE

De un tiempo a la fecha
el vino que encendía
       las miradas
nos quema insolente
       los estómagos.
De un tiempo a la fecha
nos acariciamos los dolores,
el cuerpo hospeda cansancios,
inquilinos que roen con saña
el intento de un segundo aire.

Second Wind

It's been a while now
that the wine that used to ignite
                our gazes
impudently burns
                our stomachs instead.
It's been a while now
that we caress each other's aches and pains,
weariness occupying the body
like a lodger furiously gnawing away
at the chance for a second wind.

EL POEMA

Aparecen las palabras
        medio tímidas,
son murmullo,
con miedo se sujetan
unas de las otras.
        De repente,
un exabrupto,
rompen en bullicioso
        torbellino,
son ráfaga que trae consigo
multitud de letras y de signos,
en su aparente orden
habita todo el caos.
Atrás queda la anarquía.
        El barullo,
exhausto en el suelo,
sigue reclamándose poema.

THE POEM

The words appear
        somewhat timidly,
fearfully grabbing onto each other,
a murmur.
        Suddenly,
an eruption
they break out in raucous
        commotion,
        a flurry
bearing with it
a multitude of signs and letters,
total chaos inhabiting
its apparent order.
Anarchy is left behind.
        The mayhem,
now exhausted on the floor,
keeps insisting it's a poem.

Renacer

Mi país:
tu cuerpo,
que no entiende
      de fronteras,
donde intento concebirme,
nacerme, darme a luz,
abrir puertas,
      poner casa,
fotos y manteles;
del que no quiero emigrar,
      generoso sitio
en el que apetezco
un enteramente,
      donde anhelo
morir a plenitud,
      en libertad.
Entiérrame
en tu cuerpo,
      tierra fértil
donde brotaré de nuevo
y esperaré un siglo,
las vidas que sean
      necesarias
para curar la espera,
para sanarte los recuerdos

Rebirth

My homeland:
        your limitless body
where I try to
        conceive myself
        birth myself
        bring myself into the world,
open doors,
        set up house
with snapshots and tablecloths;
from where I never want to emigrate,
generous place
in which
I crave completeness,
        where I long to die
        in fullness,
        freely.
Bury me
 in your body,
        fertile soil
where I will bloom anew.
I will wait a hundred years,
the lifetimes that are necessary
to mend the waiting,
to heal the memories

a los que seré ajena
con el bálsamo
que supuran
        mis heridas.

(that won't be of me)
with the balm that seeps
        from my wounds.

LA NIÑA

De las tres carabelas,
        la niña,
sabía en el fondo
que traerías la cruz,
que mecerías el mar una tarde
que esperarían tus ojos incautos
que asomaría tu boca desnuda.
En la memoria atestada,
vieja obsesión,
irrumpes pies descalzos
bajo la lluvia,
bicicleta mohosa.
        Eres libre.

THE NIÑA

I knew deep down
that of the three caravels
you, the girl,
       the *Niña,*
would be the one to bring the cross,
and rock the sea one afternoon,
that your unwary eyes would wait,
that your naked mouth would emerge.
An old obsession
in an overcrowded memory,
you burst out into the rain
with bare feet
and a mildewed bicycle.
       You are free.

CUARENTA Y TRES AÑOS
(10 DE OCTUBRE DE 2013)

Una mujer
de cuarenta y tres años
        asume,
no sin alterarse,
la temprana decrepitud
        de su cuerpo
las visitas constantes al médico
la laguna de dudas
en su expediente
la sangre en los tubos de ensayo
la incipiente artritis
en su rodilla izquierda
las resonancias magnéticas
que devuelven un hígado
        en aumento.
La rigidez en la espalda
se la debe a las iras,
        las renuncias,
a las insatisfacciones,
a las misas y al eterno sermón
del pecado y el castigo.
En ocasiones se descubre
al borde de una crisis,
al ras de la locura.

AT FORTY-THREE
(OCTOBER 10, 2013)

At forty -three,
a woman accepts,
not without some distress,
the early decline of her body
the incessant medical appointments
the profusion of doubts raised by her chart
the blood in the test tubes
the developing arthritis in her left knee
the MRIs
revealing an ever-swelling liver.
The rigidity in her back
is due to the anger, acquiescence,
dissatisfaction,
to the Mass and the eternal sermon
on sin and punishment.
At times she finds herself
on the verge of a crisis,
to the point of madness.

Le provoca una sonrisa
el olor a tierra mojada,
más de una vez al año
la paralizan los miedos.
Sospecha de la gente
que se presta para todo,
de los que pretenden
        quedar bien
con dios y con el diablo,
de las carcajadas forzadas
        e histéricas.
No lleva reloj,
no tiene más prisas,
detesta lo doméstico,
la compra en el supermercado,
no sabe cuadrar chequeras,
amontona correspondencia
sin abrir en todas las gavetas.
        Ha desarrollado
todo tipo de alergias,
les teme a las muestras
excesivas de afecto.
Una mujer de cuarenta y tres años,
orilla, barranco, caída;
harta de los mismos malestares,
de escuchar la misma queja
con sus respectivos gestos,
reitero, de la temprana
decrepitud de su cuerpo,

The smell of wet soil
makes her smile,
fears paralyze her
more than once a year.
She is suspicious of people
who always sign up for everything,
those who endeavor to be at peace
with god and the devil,
and of forced, hysterical laughter.
She doesn't wear a watch,
she's no longer in a hurry,
she hates household matters,
shopping for groceries,
she can't balance a checkbook
her mail piles up,
unopened
in all the drawers.
She has developed all sorts of allergies,
she fears excessive shows of affection.
A forty-three-year-old woman,
edge, precipice, fall;
fed up with the same maladies,
of hearing the same complaints
with their respective gestures,
I repeat, of the early decline of her body,
of the lushness of other bodies,

de la frondosidad
        de otros cuerpos,
de sus señas personales,
de la insistencia del crepúsculo
        y el alba,
de los días frescos y azules.
Una mujer de cuarenta y tres años
vive con la puerta
enteramente abierta,
porque aún se sabe digna
de que entren en su casa.

of her physical appearance,
of the insistence of dusk and dawn
of cool, blue days.
A forty-three-year-old woman
lives with a wide-open door,
because she still deems herself worthy
of having someone cross her threshold.

Heredera

De mi padre heredé
una especie de disgusto
      por la vida
y por los grupos
de más de tres personas,
la desconfianza
de los días calurosos
que amagan lluvia,
una aversión casi completa
a las visitas inesperadas,
la taza de café
y el cigarrillo,
la luz de su calle
y la oscuridad
      de su casa,
el apego a la ausencia
      y la distancia.
Le debo a él
frases cortas
y largos hiatos,
      la afición
a las simples cosas,
el temblor recurrente
en la mano derecha,
un desidioso paseo
al río Anguiatú,

SUCCESSOR

From my father I inherited
a sort of displeasure
              with life
and groups of more than three people,
a wariness of warm days
that threaten rain,
an almost complete aversion
to unexpected guests,
the cup of coffee and the cigarette,
angel in the street, devil at home,
his penchant for absence
              and distance.
I owe him
short phrases
and long pauses,
my fondness for simple things,
the recurring tremor in my right hand,
a lazy trip to the Anguiatú river,

la marcha nupcial
    de Wagner,
la ineludible propensión
al portazo y la huida,
un absurdo miedo
a las mudanzas,
la hebra que a diario
    me remienda,
el "yo no como aquí",
su andar desordenado,
la cita quincenal
eternamente trunca,
una biblia versión
Reina Valera,
    la pérdida,
    el desconsuelo,
la palabra alambicada,
    las hermanas
que nunca conocí,
un par de tardes
de danza en sus brazos,
su manera fronteriza
    de querer,
la herida en su costado,
el saludo reticente,
una sangre proclive
    a edulcorarse.

Wagner's wedding march,
the inescapable tendency
to slam the door and flee,
an absurd fear of relocating,
the thread with which I'm patched up daily,
his "I don't hang my hat here"
a disordered gait,
the biweekly appointment
eternally cut short,
a *Reina Valera* Bible,
    the loss,
    the disappointment,
the convoluted diction,
    the sisters
I never met,
a couple of afternoons
dancing in his arms,
his liminal way
    of loving
the wound in his flank,
the reticent greeting,
a predisposition
    for sugar in the blood.

De mi padre
lo heredé todo,
      fobias,
      filias
y sus periferias.
      A mi padre
lo heredé entero,
no sobró una astilla
para mis hermanos.

From my father
I inherited everything:
	phobias
	affinities
and their outer edges.
	I inherited
all of my father,
not a sliver was left
for my siblings.

MAMÁ SE HA IDO

¿Mamá se ha ido?
No responde.
Grito desde el fondo
de mis miedos:
¡Mamá! ¡Mamá!
Mamá partió
de falda blanca
y bordado rojo
de tacones altos
y una gran tristeza.
Mamá ha dejado
      dos retoños
que tienden a secarse
      sin su abono.
Mamá es un eco
en el cuarto
      un vacío
en nuestros pechos
es la noche
antes de partir
poniendo un rosario
      en su maleta:
con los ojos cerrados
      la busco.

Mama Has Gone Away

¿Has Mama gone away?
She does not answer.
           I scream
from the depths
of my fears:
Mama! Mama!
Mama left,
white skirt
embroidered with red,
high heels
and profound sadness.
Mama has left
      two offshoots
that tend to wither
      without her sustenance.
Mama is an eco
in the room
      a void
in our hearts
the night
before she leaves
packing a rosary
      in her suitcase:
I search for her
with closed eyes.

Mamá es el abrazo
que promete el regreso
      es el cinturón
que la rodea y la detiene
es la mirada derramada
por la ventanilla
      es dos niños
agitando sus manos
desde el mirador
es los ojitos a punto
de estallar en ríos.
Mamá es ahora
      la distancia.
Mamá no responde,
      se ha ido.

Mama is the hug
that promises return
        the seatbelt
that surrounds her and detains her
the gaze spilling down the airplane window
        two children
waving goodbye
from the observation deck
their little eyes about
to burst into rivers.
Mama is now
        distance.
Mama does not answer,
        she has gone.

DICEN

Dicen los que saben
que no está más de moda
escribir sobre luciérnagas
que hay que poner mar
entre la voz y la nostalgia
que es preciso insistir
en el polvo y la ceniza
que de vez en cuando
es conveniente desatarse
del mástil e ir tras la sirena
que nunca está de más
bifurcarse en el camino
o embriagarse
con la sombra del eucalipto
que es imprescindible
en el tormento
gritar "puerta" "ventana"
que el nudo en la garganta
ha pasado a ser
        problema del cuchillo.

It Is Said

It is said
by those in the know
that writing about fireflies
is outmoded
that one must put a sea of distance
between one's voice and one's nostalgia
that it is necessary to insist
on dust and ashes
that once in a while it behooves us
to let ourselves down from the mast
and follow the siren
that cleaving oneself while on the road
or becoming intoxicated
by the shadow of the eucalyptus
is never excessive
that during the agony
it is essential
to shout "door" "window"
that the knot in your throat
has now become
        the knife's problem.

Cypress Hills

Cipreses, cruces, mausoleos,
flores entumecidas
que vigilan la última morada,
una voz araña las rejas
de una escalera decrépita,
un hombrecillo lánguido
en una caseta achacosa intuye,
      con envidia,
dos bocas temblorosas,
primerizas, a punto de dar a luz un beso.
Arriba, con el cansancio de un siglo,
el tren, curioso, lo observa todo
como por encima de su hombro.
      En la acera opuesta,
ahí donde reposa el camposanto,
una gacela esquiva, herida de beso,
      huye de una dulce muerte.

CYPRESS HILLS

Cypresses, crosses, mausoleums,
deadened flowers
keep vigil over the final dwelling,
a voice scrapes the handrail
of a decrepit staircase,
a languid little man
in a flimsy little house
suspects,
      with envy,
the two trembling mouths
poised to give birth to a first kiss.
Above, with a century's worth of weariness,
the curious train watches it all
as if over its shoulder.
      Across the street,
there where the cemetery slumbers,
an elusive gazelle, wounded by a kiss,
      escapes a sweet death.

Una conversación pendiente

> *Honda de ti,*
> *me inundo el corazón de voces,*
> *mientras tú duermes sueño de palabras.*
> JULIA DE BURGOS

Quedó una conversación pendiente,
esa que pudo esclarecerlo todo
la más que justa, necesaria,
la que desata las manos y desquicia
el abrazo hambriento capaz de
mordernos las tardes bostezantes;
la que es espejo, entraña, pasillo;
la que abre zanjas y levanta polvaredas,
la misma que provoca temporales.
Quedó una conversación pendiente,
la de las tres de la tarde,
hora propicia para confesarse,
para romper los silencios,
para desenterrar la cabeza
y hallarse en las pupilas,
para traicionar la irascibilidad
que aún se cuece pedazo a pedazo.
La conversación que apetece,
la posible aunque improbable,

UNFINISHED CONVERSATION

> *Deep with you,*
> *I flood my heart with voices*
> *while you sleep in a dream of words.*
> JULIA DE BURGOS

A conversation remained unfinished,
the one that could have shed light on it all
the exact one, the necessary one
the one that unbinds hands and
unhinges the hungry embrace able to
bite our yawning afternoons;
the one that is mirror, guts, corridor;
the one that digs a ditch and stirs up dust,
the one that provokes storms.
A conversation remained unfinished,
the one that should have happened
at three in the afternoon,
the hour for confessing,
for breaking silences,
for pulling one's head out of the sand
and finding oneself in the other's gaze
in order to betray the wrath
still brewing bit by bit.
The conversation one wants to have,
the possible though improbable one,
the one that splits you open,

la que troncha, de la que nadie sale ileso.
Pendiente quedó, herrumbrosa,
encaprichada y harapienta, enjaulada
en el pretexto de nuestros precipicios.

and leaves no one unscathed.
It remained unfinished, corroded,
obdurate and tattered, caged
in the pretext of our chasms.

LA DISTANCIA

Mi madre
apenas de seis años
sentada al lado de
María León Vásquez,
      su abuela,
recorre paisajes verdes,
otros polvorientos
que le ofrece
la somnolienta ventana del tren
que le enseñó de distancias.
Mi madre,
de cuarenta y cinco años,
sentada al lado de
      un extraño,
recorre las entrañas del Imperio,
las ventanas apretadas no le muestran
más que sombras y siluetas,
va en el tren
que la ha vuelto
          distancia.

DISTANCE

My barely six-year-old mother,
seated next to María León Vásquez
        her grandmother,
travels landscapes,
some green, others dusty,
offered by
the sleepy train window
that taught her about
distance.
My forty-five-year-old mother,
seated next
        to a stranger,
travels through the bowels of the Empire,
the tight windows
show her nothing
but shadows and silhouettes,
she rides the train
that has turned her into
              distance.

LO QUE QUIERO

Azul de montaña,
un silencio a su lado quiero.
Y ojos y boca y tacto y oídos.
Empacho de ciudad:
de sirenas luces niños
hombres y mujeres.
Hartazgo de ciudad.
Una madre y un perro
una nueva despedida
para por fin soltar el llanto
un cuerpo, el que enterró
su ombligo en tierra infértil
es todo lo que quiero,
antes de cruzar el puente
el interminable puente.

WHAT I WANT

I want the blue of a mountain,
silence at her side.
And eyes and mouth and ears and touch.
Sick of the city:
sirens lights children
men and women.
Fed up with the city.
A mother and a dog
yet another farewell
so that I can at last let loose in cries,
                a body,
its navel buried in barren ground
is all I want
before crossing the bridge
the endless bridge.

NO ES RECOMENDABLE

Pensar en la vejez
en esta ciudad neurótica
no es recomendable,
tampoco mirar
a los indigentes
      a los ojos
o leer la palabra cáncer
en los letreros
que cuelgan de sus cuellos.
Hay que pasar por alto
al hombre que pela
      una naranja
y deja los restos en la acera,
o a los adolescentes
que hablan a gritos
e inundan las calles
pasado el meridiano.
      En lo posible,
eludir los noticieros
que insisten en versiones
      maniqueas,
evitar hacerse de un perro
(de lo contrario tendrá
garantizado un sufrimiento).

It Is Best Not

To think about old age
in this neurotic city
it is best not to look
> in the eyes of the indigent
or to read the word cancer
on the signs
that hang from their necks.
One must ignore
the man who peels
> an orange
and leaves the scraps on the sidewalk,
or the adolescents
who speak in loud voices
flooding the streets
once it's past noon.
> As much as possible,
steer clear of newscasts
that insist on
> Manichean perspectives,
avoid getting a dog
(lest you have suffering guaranteed).

No hay que perder noches,
        tampoco días,
ni olvidar que afuera
nos espera un rumor
        de aves
o un cuchillo atento
que habrá de cercenar
el día a día o las fauces
de esta urbe insaciable
que a plena luz
nos engulle y nos vomita
        con las sombras.
Con suerte,
nos aguarda
una primavera
en el otoño
        de esta marcha.
Pensar en la vejez
no es recomendable
en esta ciudad inhóspita
llena de hormigas
y de rascacielos
donde yacen
la azabache trenza,
el paso sagaz
y la certidumbre.

One must not lose nights,
        or days,
or forget that outside
awaiting us
is the sound of birds
or a watchful knife
that will slash our daily routine
or the maw
of this insatiable city
that in broad daylight
swallows and vomits us
        in its shadows.
With some luck
spring awaits us
in the autumn
        of this trek.
It is best not to think
about old age
in this inhospitable city
full of ants
and skyscrapers
where the jet-black braid,
the nimble step,
and certainty
are laid to rest.

En un invierno rosarino

El frío se incrusta
sin piedad en cada hueso,
es clavo, cincel, martillo.
El frío es un niño
que llora a gritos
simplemente porque puede,
es ladrido que retumba
en la profundidad de la noche.
Tiembla el frío en esta habitación,
desvela coyunturas resentidas,
sangres insistentes e indóciles,
calles irrenunciables y lejanas,
ropas húmedas e inhóspitas,
voces que dan fe de la vigencia
                de esta herida.
El frío es hoy
una palabra que desgarra,
es aquella niña primeriza
temblorosa ante el asombro.
El frío, sin saberlo,
se ha vuelto un enemigo.

Winter In Rosario

The cold encrusts itself
mercilessly on every bone,
it's a nail, a chisel, a hammer.
The cold is a child
crying loudly
just because he can,
it's a bark that resounds
in the depths of the night.
The cold trembles in this room,
waking resentful joints,
insistent and unruly bleeding,
distant and undeniable streets,
damp unwelcoming clothes,
voices that attest to the presence
                of this wound.
Today, the cold is
a lacerating word,
it's that innocent little girl
trembling with wonder.
Unwittingly, the cold
has become an enemy.

GAJES DE LA VIDA

Un ataque de histeria
no vendría mal, es por momentos
      necesario,
no hablo de un berrinche
ni de una pataleta,
hablo de bajar la guardia,
de vulnerarse un tanto,
de incendiarse en gritos
sin salvoconducto,
de sacarse el espesor,
los pedacitos de angustia
      entre los dientes.
"El chico es probablemente
bueno y esté pasando
      por una crisis",
intuye un colega
extremadamente optimista.
Pero, "¡quién nos sufre
      nuestras crisis!",
    esgrimo,
al tiempo que me doy un golpe
en la rodilla con la punta
      del escritorio.
El dolor infligido
por el descuido ha opacado
      los otros dolores,

THE PERKS OF LIFE

A hysterical fit
wouldn't be a bad thing, in fact it's sometimes
        necessary,
I'm not talking about a temper tantrum
or a hissy fit,
I'm talking about lowering one's guard,
becoming a bit vulnerable,
going up in screaming flames
without a safe conduct,
freeing oneself of the heaviness,
the little pieces of anguish
        lodged between one's teeth.
"The kid is probably
good and is just experiencing
        a crisis,"
observes an extremely optimistic colleague.
"But, who puts up with our crises?",
        I retort
while banging my knee on the corner
                of the desk.
The pain inflicted
by my carelessness has obscured
        the other pains,

los que no se ven,
los que se manifiestan
 por la noche.
Hoy es un día de mierda.
Los días de mierda
deberían encerrarnos,
no permitirnos en un salón
con veintisiete alumnos,
 no es sano,
porque seguramente
somos buena gente,
pero ya en la crisis,
largamos esquirlas
 a cada paso.
Hoy me desperté magullada
de tanto cavilar nocturno,
me levanté astillada
procurando pinzas,
las más puntiagudas.
Aún no he llorado el día.
La sonrisa amplia
con su respectivo guiño
es para los que no
 son importantes;
la cara doliente,
la cara de cruz,
la de los mil azotes,
la de la corona de espina,

the ones we can't see
the ones that show up
           at night.
Today is a shitty day.
On shitty days
they ought to lock us up,
not allow us to enter a classroom
of twenty-seven students,
      it's not healthy
because surely
we are good people,
but once in crisis,
we spit shrapnel
at every turn.
Today I awoke beaten up
by so much nocturnal reflection,
I woke up splintered,
looking for a tweezer,
the sharpest one.
I still haven't cried the day.
The big smile
with its respective wink
is for the
      unimportant ones;
the pained face,
the face that carries the cross,
the face of the thousand lashes,
of the crown of thorns
the face of I've had it

la cara de basta,
la de ya no puedo,
esa es para quien importa,
para quien lo entiende,
para quien puede procurar
        una caricia.
Es un día de pocos,
de los que se salen
        de las manos,
de los que se vienen
        de frente,
de los que borrascan
        la mirada,
es día de otro aniversario
lejos de la patria,
de apagar la luz
y encender una vela.
En días como este
afloran propensiones,
se es proclive a deteriorarse
o a ampararse en los excesos,
tal vez es solo déficit de hierro
o el "Ah de la vida,
        nadie me responde",
de ahí la predisposición
        a la tormenta.
Sé algo con certeza,
es mi día de mierda,
solamente mío y de mí,

I can't do this anymore,
is for the important ones,
for the ones who understand,
from whom it can ensure
               some tenderness.
It's one of those rare days
you can't get a handle on,
that come at you
        straight between the eyes,
that blind you
        with their squalls,
it's a day of another anniversary
far from the homeland,
a day to turn off the lamp
and light a candle.
On days like this
propensities flourish,
one is prone to fall apart
or take refuge in excess,
maybe it's only an iron deficiency
or "Life, I call on you,
        will no one answer me?",
hence the susceptibility
        to the storm.
I do know something for sure.
It's my shitty day,
mine and only mine,

el que me da el derecho
de buscar la cueva.
Lo mejor es padecerlo
    sin remilgos
        ni melindres.

the one that gives me the right
to look for a cave.
It's best to suffer it
····without fret
········without fuss.

Tu recuerdo

Una carroza estridente,
pelucas de colores,
tacones, lentejuelas,
collares, bocas pintadas
desfilan bajo el acecho
de la ley y del orden.
Una reina desvencijada,
        platillo fuerte,
agita su mano busca eco
entre los curiosos comensales
        que la devoran,
unos con aplausos,
otros con murmullos.
En los edificios,
las ventanas y las puertas
oyen vitorear a los marchantes
como quien rompe la rienda
        y se desboca,
como emancipados hijos
de un decreto cuestionable.
Hay sonrisas en el aire,
miradas inquisitivas
se escabullen por la calle,
algarabía en víspera
        de luna llena,
cuchicheos y alguien

Remembering You

A screeching float
colorful wigs,
high heels, sequins,
necklaces, painted lips
parade under the watchful eye
of law and order.
The main course,
        a broken-down queen
waving her hand in search of an echo
among the curious dinner guests
        who devour her,
some with applause,
others with murmurings.
The windows and doors
of buildings
hear the cheers for the marchers
as if breaking free of the reins
        and running amok
like offspring emancipated
from a questionable decree.
There are smiles in the air,
inquisitive gazes
steal away down the street,
merriment on the eve
        of a full moon,
whispers and someone

que se pierde entre el gentío
procurando a cada paso
        tu recuerdo.

who gets lost in the crowd
seeking to remember you
               with every step.

La sangre llama (Consanguinidad)

Cauteloso,
derriba el muro
        que lo abarca
y encuentra tras de él
un saludo comedido.
Acerca su mejilla,
suelta una mirada
curiosa y apretada,
        me acierta.
Se refugia en un cuarto
en el que abunda la angostura.
        Cautelosa,
asomo por la puerta
mi deseo de estrecharlo,
doy el paso y me aproximo.
En un fuerte abrazo,
gesto de amor sin precedente,
mi sangre se encuentra con la suya
y lo quiero, de lejos, de cerca,
desde todas mis esquinas.

BLOOD KNOWS BLOOD (CONSANGUINITY)

Cautiously,
he knocks down the wall
              that contains him
and finds behind it
an understated greeting.
He leans his cheek in,
letting loose a look
both curious and closed,
              he knows it's me.
He takes refuge in a room
in which narrowness abounds.
              Cautiously,
my desire to hold him
peeks through the doorway,
I take a step and get closer.
It is a strong embrace,
a gesture of love without precedent,
my blood meets his blood
and I love him, from afar, from near,
from every one of my corners.

Pulaski Bridge

Me seduce la verticalidad
de Northern Boulevard
que me ofrece sus aceras
su paisaje urbano
        perenne.
Mi paso diestro
alcanza el ritmo deseado
me empuja a otro paisaje
desolado en el que hombres
dispuestos con cascos y cemento
levantan hogares ajenos
con vista al río y la ciudad
que se alza inasequible
        a la distancia.
La hora del almuerzo,
los hombres comen sentados
en botes de pintura vacíos,
de apéndice un cigarrillo.
De golpe, me invaden las nanas,
la cebolla, el poeta pastor.
Camino sin mirar atrás,
cabizbaja, calculando tiempos
y distancias que no acaban.
Levanto la mirada,

Pulaski Bridge

The verticality of
Northern Boulevard
seduces me
with its sidewalks
its perennial
        urban landscape.
My sure steps
reach the desired rhythm
pushing me toward another
forlorn landscape
in which men with hardhats and cement
build houses for others
with views of the river and of the city
that rises unreachable
        in the distance.
It's lunchtime,
the men sit on empty paint cans
        and eat,
a cigarette as epilogue.
Suddenly, I'm overwhelmed by lullabies,
the onion, the shepherd poet.
I walk without looking back,
head hung,
measuring times and distances
that have no end.
I look up,

       el Pulaski Bridge,
el puente más desamparado de todos.
    Sobre él,
me detengo a mitad de camino,
me asomo a una baranda
        apesadumbrada
y anémica que invita
        a irrespetarla.
Observo el agua tranquila,
calculo su profundidad.
En la espalda la mochila
llena de miedos y de papeles
y de ropa y unas botas
a las que la sal
de tantos inviernos
ha empezado a derruir.
Es como cargar piedras,
        pienso.
El Pulaski y la mochila,
ambos de mi parte.
Vuelvo a calcular
        profundidades
y el peso y el salto
y me voy por la tangente.
Me armo de cobardía,
        desisto.
Acabo por cruzarlo.

Pulaski Bridge,
the most forsaken of all bridges.
      On it,
I stop halfway across,
I peer over an anemic,
sorry looking guardrail
that provokes utter contempt.
I observe the tranquil water,
calculating its depth.
On my back a knapsack
full of fears and papers
and clothes and boots
that the salt of so many winters
has started to corrode.
It is like carrying stones,
      I think to myself.
The Pulaski and my knapsack,
both my allies.
Again I calculate depths
and the weight and the plunge
and I go off on a tangent.
I steel myself with cowardice,
         I desist.
I end up crossing.

McGuinnes Blvd me recibe,
me señala la ruta a casa.
En otra ocasión será,
    me digo,
en otra ocasión
    habrá sido.

McGuinness Blvd greets me,
shows me the way home.
Another day,
      I tell myself,
on another day
      it will have happened.

EN MI HERIDA

Tan naufragio soy
      en tu calzada angosta
que insiste en esbozar distancias.
      Nadie vuelve a la escena del crimen,
sin embargo,
      yo, con el puñal en la lengua,
vuelvo al crimen
      para lamer tu carne magra
tu delicada carne estrecha
      por momentos vulnerada.
Vuelvo buscando la pulpa
      de tu cuerpo huraño,
vuelvo buscando tu boca entreabierta,
      vuelvo a tu tierna borrasca
que toca tierra en la más profunda
      de todas mis heridas,
herida en la que sigues habitando,
      herida de dientes afilados
cuyas fauces te devoran.

IN MY WOUND

So shipwrecked am I
       along your narrow footpath
insistent on tracing distance.
       No one returns to the scene of the crime,
and yet,
       I, with a dagger in my tongue,
return to the crime,
       to lick your lean flesh
your delicate slender
       at times relenting flesh.
I return seeking the marrow
       of your reticent body,
I return seeking your half-opened mouth,
       I return to your tender squall
as it lands on the deepest
       of all my wounds,
wound which you continue to inhabit
       wound with razor teeth
       whose jaws devour you.

ACERCA DE LA AUTORA

Juana M. Ramos (Santa Ana, El Salvador) Profesora de español y literatura en *York College*, Universidad Pública de la Ciudad de Nueva York. Ha participado en conferencias, coloquios y festivales de poesía en Colombia, Argentina, Honduras, Guatemala, México, Puerto Rico, República Dominicana, Cuba, Ecuador, El Salvador, Estados Unidos, Inglaterra y España. Ha publicado los poemarios *Multiplicada en mí, Palabras al borde de mis labios, Sobre luciérnagas, Sin ambages / To the Point, Clementina* (versión bilingüe italiano/ español), *Clementina* (versión español/inglés) *Donde crecen amapolas, El agudo blandir al pronunciarte, El corazón incontenible de las noches* (este último en coautoría con el poeta brasileño Floriano Martins) y el libro de relatos *Aquí no hay gatos*. Es autora del libro *Nomadismo y alteridad. Las otras historias de la guerra* y coautora, junto a Margarita Drago, del libro de testimonios *Tomamos la palabra: mujeres en la guerra civil de El Salvador (1980-1992)*. Además, sus poemas y relatos han aparecido publicados en numerosas antologías, revistas literarias impresas y digitales en Latinoamérica, EE. UU. y España, y han sido traducidos al inglés, portugués, francés e italiano. En 2021 recibió el premio *Feliks Gross Award*, otorgado por la Universidad Pública de la Ciudad de Nueva York, en reconocimiento por su extraordinaria labor como catedrática e investigadora en el campo de las humanidades.

ABOUT THE AUTHOR

Juana M. Ramos (Santa Ana, El Salvador). Professor of Spanish and literature at York College, City University of New York. She has participated in conferences, colloquia, and poetry festivals in Colombia, Argentina, Honduras, Guatemala, Mexico, Puerto Rico, the Dominican Republic, Cuba, Ecuador, El Salvador, the United States, England, and Spain. She has published the poetry collections *Multiplicada en mí, Palabras al borde de mis labios, Sobre luciérnagas, Sin ambages / To the Point, Clementina* (bilingual edition, Spanish-Italian), *Clementina / Clementine* (Spanish-English edition), *El corazón incontenible de las noches* (co-authored with Brazilian poet Floriano Martins) and the collection of short stories *Aquí no hay gatos*. She is the author of *Nomadismo y alteridad. Las otras historias de la guerra* and co-author, along with Margarita Drago, of the anthology and study of testimonies *Tomamos la palabra: mujeres en la guerra civil de El Salvador (1980-1992)*. Additionally, her poems and narratives have been published in numerous anthologies, print and digital literary magazines in Latin America, the U.S., and Spain, and have been translated into English, Portuguese, French, and Italian. In 2021, she received the Feliks Gross Award, awarded by the City University of New York in recognition of her extraordinary work as a professor and researcher in the Humanities.

Asimismo, fue reconocida por Fundación Chifurnia como *Poeta del Año 2023* en El Salvador, distinción que, con motivo del *Día Nacional de la Poesía* en El Salvador, recibió por su valioso legado a la poesía salvadoreña. En octubre de 2024 fue homenajeada en la 18ª Feria del Libro Hispana/Latina de Queens organizada por The Hispanic/Latino Cultural Center of New York. En 2020 dio inicio a una intensa labor cultural a través de *EntreTmas*, un espacio digital donde entrevista y promociona a escritoras latinoamericanas y españolas que residen en Estados Unidos, Latinoamérica y España. Asimismo, es directora de *EntreTmas Revista Digital*, revista creada y liderada por un grupo independiente de académicas, escritoras, dramaturgas, agentes culturales y artistas visuales cuyo objetivo principal es difundir la literatura, el arte, la cultura y el pensamiento crítico producido en lengua española en los Estados Unidos, Latinoamérica y el Caribe. Es, también, productora y curadora, junto a Margarita Drago, de *Palabra-Imagen-Escena*, un espacio artístico creado para la difusión de las creaciones de poetas, narradores, dramaturgos y artistas visuales que producen su obra en español en NY. Además, es creadora, junto al poeta y editor brasileño Floriano Martins, de la colección *Libros Imposibles*, catálogo de libros de acceso gratuito gracias a la colaboración entre *Agulha Revista de Cultura* (Brasil) y *EntreTmas Revista Digital* (Nueva York).

She was also recognized by Chifurnia Foundation as *Poet of the Year 2023* in El Salvador, a distinction received on the occasion of National Poetry Day in El Salvador for her valuable contribution to Salvadoran poetry. In October 2024, she was honored at the 18th Hispanic/Latino Book Fair in Queens organized by The Hispanic/Latino Cultural Center of New York. As part of her cultural activism, in 2020, she initiated an intense cultural effort through *EntreTmas*, a digital space where she interviews and promotes Latin American and Spanish writers residing in the United States, Latin America, and Spain. She is also the director of *EntreTmas Revista Digital*, a magazine created and led by an independent group of academics, writers, playwrights, cultural agents, and visual artists whose main objective is to disseminate literature, art, culture, and critical thought produced in Spanish in the United States, Latin America, and the Caribbean. Additionally, she is a producer and curator, along with Margarita Drago, of *Palabra-Imagen-Escena*, an artistic space created for the dissemination of the works of poets, storytellers, playwrights, and visual artists producing their work in Spanish in New York. Furthermore, she is the creator, along with Brazilian poet and editor Floriano Martins, of *Libros Imposibles*, a catalog of freely accessible books thanks to the collaboration between *Agulha Revista de Cultura* (Brazil) and *EntreTmas Revista Digital* (New York).

Acerca de la traductora

Diana Conchado es profesora de español y literatura de los Siglos de Oro en Hunter College, City University of New York. Además de la literatura áurea, sus intereses académicos abarcan la traducción literaria, la literatura gallega y el estudio de herbolarios renacentistas.

ABOUT THE TRANSLATOR

Diana Conchado teaches Spanish and Golden Age literature at Hunter College, City University of New York. In addition to the *Siglos de Oro,* her research interests include literary translation, Galician literature, and Early Modern herbals.

Índice / Index

Una conversación pendiente
Unfinished Conversation

Prólogo · 13
Foreword · 27
Caminante · 42
Voyager · 43
La espera · 48
The Waiting · 49
Señora Santa Ana debe un milagro · 52
Our Lady Saint Anne Owes a Miracle · 53
La *Singer* · 56
The Singer Sewing Machine · 57
Una mujer · 60
A Woman · 61
Una tarde de mayo · 64
May Afternoon · 65
La ciudad se ha inundado de paraguas · 66
Umbrellas Have Flooded the City · 67
Impunidad · 72
Impunity · 73
Una tarde de frío · 74
A Cold Afternoon · 75
La tía · 76
Auntie · 77

A esta hora… ·	82
At This Hour… ·	83
Las grietas ·	86
The Crevices ·	87
Las bondades del metro ·	92
The Subway's Benevolence ·	93
Conjuro ·	96
Spell ·	97
Atardecer ·	98
Nightfall ·	99
Consumación ·	104
Consummation ·	105
Segundo aire ·	106
Second Wind ·	107
El poema ·	108
The Poem ·	109
Renacer ·	110
Rebirth ·	111
La niña ·	114
The Niña ·	115
Cuarenta y tres años (10 de octubre de 2013) ·	116
At Forty-Three (October 10, 2013) ·	117
Heredera ·	122
Successor ·	123
Mamá se ha ido ·	128
Mama Has Gone Away ·	129

Dicen ·	132
It Is Said ·	133
Cypress Hills ·	134
Cypress Hills ·	135
Una conversación pendiente ·	136
Unfinished Conversation ·	137
La distancia ·	140
Distance ·	141
Lo que quiero ·	142
What I Want ·	143
No es recomendable ·	144
It Is Best Not ·	145
En un invierno rosarino ·	148
Winter in Rosario ·	149
Gajes de la vida ·	150
The Perks of Life ·	151
Tu recuerdo ·	158
Remembering You ·	159
La sangre llama (Consanguinidad) ·	162
Blood Knows Blood (Consanguinity) ·	163
Pulaski Bridge ·	164
Pulaski Bridge ·	165
En mi herida ·	170
In My Wound ·	171

Acerca de la autora · 174
About the Author · 175
Acerca de la traductora · 180
About the Translator · 181

WILD MUSEUM
MUSEO SALVAJE
Latin American Poetry Collection
Homage to Olga Orozco (Argentina)

1
La imperfección del deseo
Adrián Cadavid

2
La sal de la locura / Le Sel de la folie
Fredy Yezzed

3
El idioma de los parques / The Language of the Parks
Marisa Russo

4
Los días de Ellwood
Manuel Adrián López

5
Los dictados del mar
William Velásquez Vásquez

6
Paisaje nihilista
Susan Campos Fonseca

7
La doncella sin manos
Magdalena Camargo Lemieszek

8
Disidencia
Katherine Medina Rondón

9
Danza de cuatro brazos
Silvia Siller

10
Carta de las mujeres de este país /
Letter from the Women of this Country
Fredy Yezzed

11
El año de la necesidad
Juan Carlos Olivas

12
El país de las palabras rotas / The Land of Broken Words
Juan Esteban Londoño

13
Versos vagabundos
Milton Fernández

14
Cerrar una ciudad
Santiago Grijalva

15
Una conversación pendiente / Unfinished Conversation
Juana M. Ramos

16
La canción que me salva / The Song that Saves Me
Sergio Geese

17
El nombre del alba
Juan Suárez

18
Tarde en Manhattan
Karla Coreas

19
Un cuerpo negro / A Black Body
Lubi Prates

20
Sin lengua y otras imposibilidades dramáticas
Ely Rosa Zamora

21
El diario inédito del filósofo vienés Ludwig Wittgenstein /
Le Journal Inédit Du Philosophe Viennois Ludwig Wittgenstein
Fredy Yezzed

22
El rastro de la grulla / The Crane's Trail
Monthia Sancho

23
Un árbol cruza la ciudad / A Tree Crossing The City
Miguel Ángel Zapata

24
Las semillas del Muntú
Ashanti Dinah

25
Paracaidistas de Checoslovaquia
Eduardo Bechara Navratilova

26
Este permanecer en la tierra
Angélica Hoyos Guzmán

27
Tocadiscos
William Velásquez

28
De cómo las aves pronuncian su dalia frente al cardo /
How the Birds Pronounce Their Dahlia Facing the Thistle
Francisco Trejo

29
El escondite de los plagios / The Hideaway of Plagiarism
Luis Alberto Ambroggio

30
Quiero morir en la belleza de un lirio /
I Want to Die of the Beauty of a Lily
Francisco de Asís Fernández

31
La muerte tiene los días contados
Mario Meléndez

32
Sueño del insomnio / Dream of Insomnia
Isaac Goldemberg

33
La tempestad / The tempest
Francisco de Asís Fernández

34
Fiebre
Amarú Vanegas

35
63 poemas de amor a mi Simonetta Vespucci /
63 Love Poems to My Simonetta Vespucci
Francisco de Asís Fernández

36
Es polvo, es sombra, es nada
Mía Gallegos

37
Luminiscencia
Sebastián Miranda Brenes

38
Un animal el viento
William Velásquez

39
Historias del cielo / Heaven Stories
María Rosa Lojo

40
Pájaro mudo
Gustavo Arroyo

41
Conversación con Dylan Thomas
Waldo Leyva

42
Ciudad Gótica
Sean Salas

43
Salvo la sombra
Sofía Castillón

44
Prometeo encadenado / Prometheus Bound
Miguel Falquez Certain

45
Fosario
Carlos Villalobos

46
Theresia
Odeth Osorio Orduña

47
El cielo de la granja de sueños / Heaven's Garden of Dreams
Francisco de Asís Fernández

48
hombre de américa / man of the americas
Gustavo Gac-Artigas

49
Reino de palabras / Kingdom of Words
Gloria Gabuardi

50
Almas que buscan cuerpo
María Palitachi

51
Argolis
Roger Santivañez

52
Como la muerte de una vela
Hector Geager

53
El canto de los pájaros / Birdsong
Francisco de Asís Fernández

54
El jardinero efímero
Pedro López Adorno

55
The Fish o la otra Oda para la Urna Griega
Essaú Landa

56
Palabrero
Jesús Botaro

57
Murmullos del observador
Hector Geager

58
El nuevo gusano saltarín
Isaac Goldemberg

59
Tazón de polvo
Alfredo Trejos

60
Si miento sobre el abismo / If I Lie About the Abyss
Mónica Zepeda

61
Después de la lluvia / After the Rain
Yrene Santos

62
*De plomo y pólvora. Poesía de una mente bipolar /
Of Lead and Gunpowder. Poetry of a Bipolar Mind*
Jacqueline Loweree

*

**New Era:
Wild Museum Collection & Arts**
Featuring Contemporary Hispanic American Artists

63
Espiga entre los dientes
Carlos Calero
Cover Artist: Philipp Anaskin

64
El Rey de la Muerte
Hector Geager
Cover Artist: Jhon Gray

65
Cielos que perduren
José Miguel Rodríguez Zamora
Cover Artist: Osvaldo Sequeira

66
Por el mar, con los monstruos de Ovidio a otra parte
Francisco Trejo
Cover Artist: Jaime Vásquez

67
Los vínculos salvajes
Juan Carlos Olivas
Cover Artist: Jaime Vásquez

68
Commemorative Edition:
VII Anniversary of Nueva York Poetry Press

Una conversación pendiente / Unfinished Conversation
Juana Ramos

POETRY
COLLECTIONS

ADJOINING WALL
PARED CONTIGUA
Spaniard Poetry
Homage to María Victoria Atencia (Spain)

BARRACKS
CUARTEL
Poetry Awards
Homage to Clemencia Tariffa (Colombia)

CROSSING WATERS
CRUZANDO EL AGUA
Poetry in Translation (English to Spanish)
Homage to Sylvia Plath (United States)

DREAM EVE
VÍSPERA DEL SUEÑO
Hispanic American Poetry in USA
Homage to Aida Cartagena Portalatín (Dominican Republic)

FIRE'S JOURNEY
TRÁNSITO DE FUEGO
Central American and Mexican Poetry
Homage to Eunice Odio (Costa Rica)

INTO MY GARDEN
English Poetry
Homage to Emily Dickinson (United States)

I SURVIVE
SOBREVIVO
Social Poetry
Homage to Claribel Alegría (Nicaragua)

LIPS ON FIRE
LABIOS EN LLAMAS
Opera Prima
Homage to Lydia Dávila (Ecuador)

LIVE FIRE
VIVO FUEGO
Essential Ibero American Poetry
Homage to Concha Urquiza (Mexico)

FEVERISH MEMORY
MEMORIA DE LA FIEBRE
Feminist Poetry
Homage to Carilda Oliver Labra (Cuba)

REVERSE KINGDOM
REINO DEL REVÉS
Children's Poetry
Homage to María Elena Walsh (Argentina)

STONE OF MADNESS
PIEDRA DE LA LOCURA
Personal Anthologies
Homage to Alejandra Pizarnik (Argentina)

TWENTY FURROWS
VEINTE SURCOS
Collective Works
Homage to Julia de Burgos (Puerto Rico)

VOICES PROJECT
PROYECTO VOCES
María Farazdel (Palitachi) (Dominican Republic)

WILD MUSEUM
MUSEO SALVAJE
Latin American Poetry
Homage to Olga Orozco (Argentina)

OTHER COLLECTIONS

Fiction
INCENDIARY
INCENDIARIO
Homage to Beatriz Guido (Argentina)

Children's Fiction
KNITTING THE ROUND
TEJER LA RONDA
Homage to Gabriela Mistral (Chile)

Drama
MOVING
MUDANZA
Homage to Elena Garro (Mexico)

Essay
SOUTH
SUR
Homage to Victoria Ocampo (Argentina)

Non-Fiction/Other Discourses
BREAK-UP
DESARTICULACIONES
Homage to Sylvia Molloy (Argentina)

For those who like Olga Orozco believe that "a word on the back of the world allows the enemy to advance," and who like her recognize that "half of desire is barely that, half of love is only a measure," this book was published in Manhattan on June 2025, as part of the Wild Museum Collection by *Nueva York Poetry Press*, in homage to her voice.

www.ingramcontent.com/pod-product-compliance
Lightning Source LLC
Chambersburg PA
CBHW030109170426
43198CB00009B/556